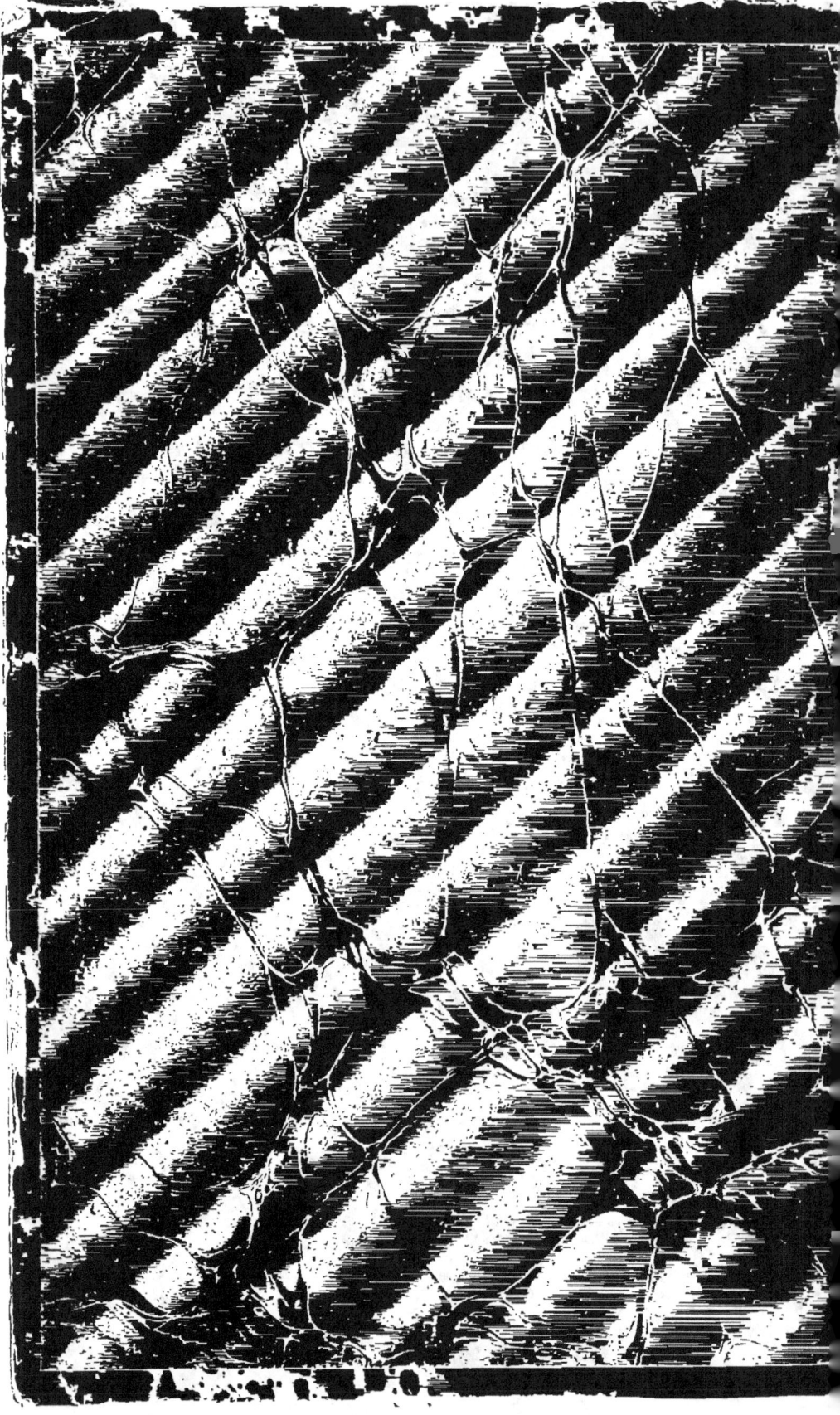

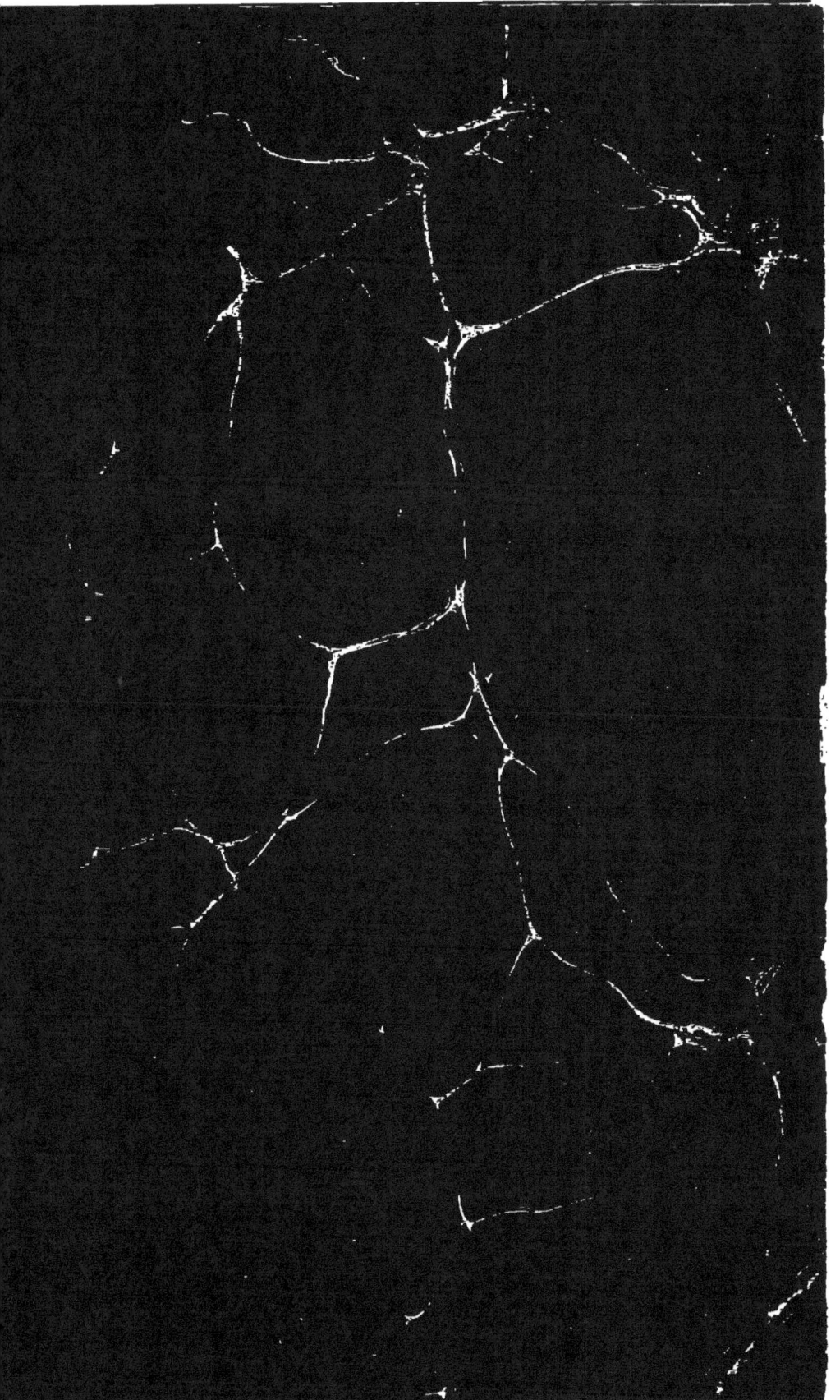

PETITE BIBLIOTHÈQUE D'ART ET D'ARCHÉOLOGIE
Publiée sous la direction de M. KAEMPFEN
Directeur des Musées nationaux et de l'École du Louvre

HISTOIRE DU DÉPARTEMENT
DE
LA SCULPTURE
MODERNE
AU MUSÉE DU LOUVRE

PAR

LOUIS COURAJOD

CONSERVATEUR AU MUSÉE DU LOUVRE

PARIS
ERNEST LEROUX, ÉDITEUR
28, RUE BONAPARTE, 28

1894

PETITE BIBLIOTHÈQUE D'ART ET D'ARCHÉOLOGIE

HISTOIRE DU DÉPARTEMENT

DE

LA SCULPTURE

MODERNE

AU MUSÉE DU LOUVRE

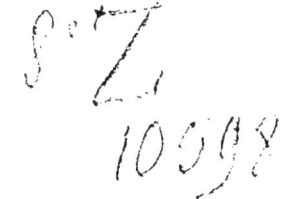

HISTOIRE DU DÉPARTEMENT

DE

LA SCULPTURE

MODERNE

AU MUSÉE DU LOUVRE

PAR

LOUIS COURAJOD

CONSERVATEUR AU MUSÉE DU LOUVRE

PARIS
ERNEST LEROUX, ÉDITEUR
28, RUE BONAPARTE, 28

1894

HISTOIRE DU DÉPARTEMENT
DE LA SCULPTURE MODERNE
AU MUSÉE DU LOUVRE

I

LE MUSÉE D'ANGOULÊME

Les revendications exercées en 1815 par les Alliés sur les objets d'art conquis pendant les guerres de la République et de l'Empire avaient créé, dans les collections du Louvre, des vides que le gouvernement royal devait chercher à combler. L'ordonnance du 22 juillet 1816, qui réorganisa les Musées royaux, ne comportait, pour les statues, que la formation d'un seul département et ne distinguait pas entre les œuvres de la sculpture antique et celles de la sculpture moderne. Cependant le Musée du Louvre possédait depuis longtemps quelques morceaux importants de la statuaire moderne [1]. Ces objets d'art avaient servi

[1]. Par exemple, les deux esclaves de Michel-Ange transmis par Alexandre Lenoir en 1794, longtemps exposés dans la galerie d'Apollon; quelques sculptures de la Collection Borghèse achetées à Rome; les vases de bronze qui, suivant une tradition, auraient servi de bénitiers à Saint-Eustache, etc., etc. On lit dans la *Notice des dessins, des peintures, des bas-reliefs et des bronzes,* exposés au Musée royal, dans la galerie d'Apollon, ouverte le 6 août 1814 (Paris, imprim. Dubray, 1814, in-12, p. 96) : « Bas-reliefs : 529. Jupiter foudroye les Titans. — 530. Apollon et Diane tuent les enfants de Niobé à coups de flèches. Ces deux bas-reliefs, de forme ovale, sont exécutés en cire. — 531. Un enfant donne à boire à Silène. Bas-relief en ivoire, exécuté par François Du Quesnoi dit le *Flamand,* scul-

jusque-là à l'ornementation des salles, des galeries et des jardins.

pteur, né en 1592, mort en 1644. — 532. L'Enlèvement des Sabines. Bas-relief en ivoire, exécuté par Gérard van Opstal, sculpteur flamand, né en 1597, mort en 1668. — 533. Vendanges par des Amours et un jeune Satyre. Bas-relief en ivoire. — 534. Deux Centaures. L'un se saisit d'une femme, l'autre est enchaîné par les Amours. Bas-relief en ivoire. — 535. Un Triton. une Naïade, deux Amours et un dauphin. Bas-relief en ivoire. — 536. La Grossesse de Calisto découverte. Bas-relief en ivoire. — 537. Deux bas-reliefs en ivoire représentant des Amours et des monstres marins. — Bronzes : 538. Buste de Néron. La tête, ornée d'une couronne rayonnante, est coulée sur la tête antique de Néron que le Musée possède. — 539. Buste de femme avec le bras droit orné d'une armille, coulé sur l'antique. La tête a quelque ressemblance avec les portraits de Lucilla, épouse de Lucius Verus. — 540. Buste de Vitellius en bronze. La tête en parangon. Ouvrage du xve siècle. — 541. Buste du pape Sixte V, en chappe ou manteau pontifical. Ce bronze qu'on voyait à Rome, dans les

Plusieurs d'entr'eux avaient été, de temps immémorial, abrités au Louvre même. Sauval, dès le xviie siècle (*His-*

jardins de ce pontife, sur le Mont Esquilin, a été coulé par Sébastien Torrigiani, dit le Bologna, contemporain. » On lit à la fin de la *Notice des dessins, peintures, émaux et terres cuites émaillées exposées au Musée royal dans la galerie d'Apollon*, Paris, imprim. Hérissant Le Doux, 1817, in-12, page 155 : « BRONZES : 520. Buste de Néron, ouvrage en bronze du xvie siècle, imité de l'antique. — 521. Buste de Faustine la jeune, ouvrage en bronze du xvie siècle, imité de l'antique. — 522. Buste de Vitellius, ouvrage du xviie siècle, imité de l'antique. — 523. Buste d'Elagabale, ouvrage du xvie siècle, imité de l'antique. » Quelques objets rencontrés au Louvre provenaient de l'ancien Garde-Meuble des rois de France, dont le dernier inventaire avait été publié en 1791 par ordre de l'Assemblée Nationale, et dont toutes les richesses n'avaient pas été dilapidées par un vol demeuré célèbre et par des ventes désastreuses. Si notre pays avait su garder cet incomparable cabinet, le Louvre ne

*toire et Recherches des Antiquités de la
ville de Paris,* tome III, p. 16 et 17) et,
en dernier lieu, Thiéry, à la veille de la

serait pas aujourd'hui inférieur à plusieurs collections étrangères sous le rapport des petits bronzes des xvii⁰ et xviii⁰ siècles. C'est un véritable chagrin que de retrouver journellement dans le commerce ou chez les amateurs, sur des bronzes admirables, le numéro de l'ancien Garde-Meuble des rois de France. Cependant, sans compter les gemmes et joyaux qui s'étaient fixés au Louvre dès le début de la Révolution, le fonds du Garde-Meuble est devenu une des sources importantes du Musée du Louvre. Citons encore, parmi ces sources, le Dépôt de la rue de Nesle et les nombreuses confiscations révolutionnaires, notamment celles du département de Seine-et-Oise, dont les produits, centralisés à Versailles et recueillis dans des locaux dépendants du château, se trouvèrent ainsi quelquefois, *ipso facto,* incorporés aux collections nationales.

Séance du conservatoire du Museum du 19 pluviôse an III : « Le Conservatoire arrête qu'aus-

Révolution, en 1787 (*Guide des amateurs et des étrangers voyageurs à Paris*, t. I, p. 336 et suiv.) les avaient énumérés après beaucoup d'autres auteurs. Réunis dans ce qu'on appelait le Magasin des Antiques du Roi et placés encore, en 1789, dans la salle des Cariatides à côté de l'Académie royale de peinture et sculpture, sous la garde de Pajou maintenu en fonctions par le régime nouveau de 1792, ces ouvrages n'avaient pas pu être tous expulsés de l'asile où ils avaient si longuement séjourné. De plus, le Musée spécial de l'École française [1], projeté

---

sitôt qu'il sera possible il rassemblera tous les objets de sculpture qui peuvent orner les salles basses et le jardin du Museum; et que, pour les recueillir, il se transportera en masse dans tous les dépôts pour en faire le choix. Il arrête encore que provisoirement on fera faire les massifs bruts pour recevoir ces statues. »

1. *Notice des tableaux, statues, vases, bustes,*

dès le 24 novembre 1793, commencé en l'an V et ouvert à Versailles depuis l'an X,

etc., composant le Musée spécial de l'École française dont l'ouverture a lieu les quintidi et décadi. Versailles, an X, in-12. Ce musée était composé principalement des morceaux de réception des membres de l'ancienne Académie. Il était installé dans les grands appartements, dans la grande galerie et au premier étage de l'aile du nord, du côté des jardins.

6 Nivose an XI.

État des objets d'arts envoyés par le Musée central au Musée spécial de l'École française à Versailles.

Sculpture.

Un groupe en marbre représentant Prométhée enchaîné sur le mont Caucase. — Un groupe en plâtre représentant Hercule et Anthée. Il est cassé par le milieu. — Un bas-relief de forme carrée représentant la Peinture et la Sculpture tenant un médaillon sur lequel est le portrait de Louis XIV. — Un bas-relief de forme carrée représentant la Religion foulant à ses pieds l'Hérésie. — Un bas-relief en marbre de forme ovale

renfermait plusieurs monuments intéres-

représentant un vieillard vu à mi-corps. — Un buste en marbre représentant Cléopâtre. — Un buste en marbre représentant une tête de femme.

État général des tableaux, statues, bas-reliefs et bustes envoyés par le Directeur général des Musées de France au Musée spécial de l'École française, lequel envoi a été effectué en trois voyages.

Bas-Reliefs.

La Religion foulant aux pieds l'Hérésie. — Un Évangéliste. — Saint Luc. — Le Bon Pasteur. — Saint Jean. — Saint Pierre. — Hercule et la Terre. — Allégorie relative aux Arts. — Apollon découvrant le buste de Louis XIV. — Allégorie relative aux Arts. — Saint Paul. — Un saint tenant une lance. — L'Union de la Peinture et de la Sculpture, — Saint Barthélemy. — Saint Jean. — Saint Jacques. — Saint Jérôme. — Saint Jean (Mutilé). — La Magdeleine. — Le Temps, sujet allégorique. — Allégorie relative aux Arts.

Bustes.

De Charles Coypel. — De Didon. — D'une Bacchante.

sants de l'école moderne [1]. L'intention des organisateurs de 1816 fut de composer, en rapprochant tous ces objets, une collection nouvelle destinée à remplacer, autant que faire se pouvait, les monuments qui venaient de quitter la France.

Jusqu'à ce moment la centralisation à Paris des chefs-d'œuvre antiques des principaux musées de l'Europe avait

---

1. Voyez *le Château de Versailles,* par L. Dussieux, tome II, p. 61 et le *Catalogue du Musée de Versailles,* par E. Soulié, 1859, tome I, p. LXVI. La *Notice des tableaux, statues, etc.,* composant *le Musée spécial de l'École française,* contient, page 78 et suivantes, nos 359 à 384, une énumération des sculptures placées dans l'intérieur du Musée, à laquelle nous renvoyons. On y remarque les noms d'*Allegrain,* de *Bousseau,* de *Coyzevox,* de *Girardon,* de *Monchy,* de *Puget,* de *Sarrazin,* de *Vassé* et une suite de bustes d'empereurs romains en porphyre et en bronze. Le Musée de Versailles s'était aussi développé pendant l'Empire.

amené au Louvre un tel encombrement, qu'il n'était pas resté de place pour l'art moderne de la sculpture. Cet art, d'ailleurs, était splendidement représenté, à côté du Louvre, dans un musée spécial qui s'appelait le Musée des Monuments français et qui était installé dans l'ancien monastère des Petits-Augustins (1).

Dès le 23 novembre 1816, le comte de Forbin, directeur général des Musées royaux, écrivait au comte de Pradel, Directeur général du Ministère de la maison du Roi :

« Monsieur le Comte, l'intérêt particulier que vous prenez à l'établissement au Louvre d'une salle consacrée à réunir les morceaux de sculpture les plus importans de notre École et les dispositions que vous avez déjà

(1) Voyez, sur ce musée, *Alexandre Lenoir, son Journal et le Musée des Monuments français*. Paris 1878-1887, 3 vol. in-8°.

arrêtées à cet égard me font un devoir de recommander à votre sollicitude un des chefs-d'œuvre de Jean Gougeon, l'un des plus habiles sculpteurs du règne de François Ier, époque si féconde en beaux génies de toute espèce. Le monument sur lequel je prends la liberté d'appeler votre attention fut placé jadis dans les jardins d'Anet, par ordre d'Henri II, et se trouve aujourd'hui dans celui du Musée des Monuments français, rue des Petits-Augustins. M. Lenoir, dont le zèle a sauvé de la destruction, pendant les jours les plus orageux de la Révolution, une foule de chefs-d'œuvre d'autant plus précieux qu'ils sont en grande partie nationaux et forment, si je puis m'exprimer ainsi, un cours vivant de sculpture française depuis les premiers âges de la monarchie, a su conserver aussi un des plus beaux ornements du château d'Anet, le groupe de marbre qui représente Diane de Poitiers assise entre ses deux chiens, Procion et Syrius, et la main appuyée sur le bois d'un cerf également couché à côté d'elle. Par les soins du conservateur du Musée des Monuments français, ce groupe a été restauré et placé dans la partie de cet établissement qu'il a nommé l'Élysée. Mais, quelqu'exacte que puisse être la surveillance de M. Lenoir, elle ne saurait résister à l'influence d'un climat essentiellement destructeur, et l'on peut déjà présager, en voyant les traces profondes que le froid et l'humidité ont laissées sur le groupe de Jean Gougeon, qu'avant peu d'années il ne restera de ce monument précieux que le souvenir. J'aurai donc l'honneur, Monsieur le Comte, de vous proposer de vouloir bien demander au Ministre de l'Intérieur que ce groupe soit transporté dans la salle du Musée consacrée à la sculpture française. Une pareille disposition, en ajoutant un nouvel ornement à cette salle, me parait exigée impérieusement par l'intérêt du monument qu'elle a pour objet, et M. Lenoir lui-même ne peut qu'applaudir à une mesure qui devient le résultat nécessaire de ses utiles travaux et qui achève ce qu'il a déjà commencé avec tant de succès, la conservation d'un chef-d'œuvre aussi intéressant par l'excellence de l'exécution que par le souvenir qu'il retrace.

« J'attendrai, Monsieur le Comte, que vous veuillez bien me faire passer des instructions qui me mettent à portée de donner suite à cette affaire, et je vous prie de recevoir en attendant l'assurance de la considération très distinguée, etc. »

D'ailleurs, une occasion unique de former ces nouvelles collections de sculpture allait se présenter. La fatale ordonnance du 18 décembre 1816, complétant celle du 24 avril de la même année qui rendait à Saint-Denis les tombeaux des Rois de France, supprimait à ce moment le Musée des Monuments français et décidait que le couvent des Petits-Augustins serait évacué pour qu'on y pût installer l'École des Beaux-Arts. Il eût été désirable que tous les monuments qui n'étaient pas réclamés par Saint-Denis fussent transportés en bloc au Louvre pour y professer ce que le comte de Forbin appelait si bien « un cours vivant de sculpture française ». Mais malheureusement les influences politiques, ce fléau de tous les gouvernements, interdisaient cette excellente mesure. Pouvait-on recréer immédiatement sur la rive droite de la Seine ce que Louis XVIII voulait ou laissait détruire sur la rive gauche? Une administration publique, dépendant de la maison du Roi, ne pouvait avoir cette audace. Au contraire, la réclamation individuelle de certains monuments n'était pas séditieuse et pouvait se produire utilement pour un établissement rival et sans danger pour son directeur. C'est ce qui arriva. Le Musée des Monuments français était fermé depuis trois mois seulement quand le directeur des Musées royaux vint réclamer sa part dans les dépouilles qu'on répartissait. Il écrivit, le

23 janvier 1817, à son supérieur hiérarchique en lui envoyant la liste des objets demandés pour le Musée.

« *Le Directeur général des Musées royaux à M. le Comte de Pradel, Directeur général du ministère de la maison du Roi.*

« Monsieur le Comte, par la lettre que j'ai eu l'honneur de vous écrire en date du 23 novembre dernier, j'ai appelé votre attention sur une statue de Jean Goujon, placée en ce moment dans le jardin du Musée des Monuments français et représentant Diane de Poitiers. Je regarde comme inutile de répéter ici ce qu'il m'a semblé nécessaire de vous exposer alors en détail. Cependant, le Roi venant par une ordonnance de consacrer au service de l'Académie des Beaux-Arts les bâtiments des Petits-Augustins, et les objets qu'ils renferment devant recevoir incessamment une nouvelle destination, je regarde comme un devoir de réclamer au nom du Musée royal, non plus seulement une seule statue, mais les différents objets d'art dont j'ai l'honneur de vous transmettre la liste.

« Ces morceaux, tous plus ou moins précieux par leur ancienneté ou par leur perfection, offrent des moyens si faciles de décorer, à peu de frais, les salles destinées à la sculpture française que je ne crois pas devoir insister davantage sur l'intérêt, je dirai la nécessité, de les rendre au Musée, bien convaincu qu'il suffit d'indiquer une chose utile pour que votre sagesse en saisisse toutes les conséquences et en apprécie tous les avantages. Je me bornerai à solliciter une décision que les circonstances rendent de jour en jour plus pressante, etc. »

Les prétentions du comte de Forbin étaient au début beaucoup trop timides. Il ne demandait qu'un nombre très restreint de monuments. Mais il importe de constater que l'initiative était partie du Louvre non seulement dès que la succession du Musée des Petits-Augustins avait été ouverte, mais que, même avant cette date, des objets d'art avaient été réclamés.

Les bureaux d'administration publique, en ce temps-là, ne se préoccupaient, paraît-il, que de ce qui émanait de leur initiative, s'imaginaient que le monde tournait autour d'eux et prenaient des décisions à tort et à travers, sans consulter les spécialistes, les savants compétents, quelquefois même sans tenir compte des renseignements qu'ils avaient reçus et sollicités d'eux. Le 25 mars, sept mois après la première demande formulée par le Louvre, trois mois après la deuxième lettre si honorable du Directeur des Musées, l'administration supérieure des Beaux-Arts découvrit que le Musée du Louvre pourrait avoir intérêt à recueillir quelques parties de l'héritage du Musée des Monuments français. Le

Directeur du Louvre fut invité à choisir après tout le monde ce qui lui conviendrait dans l'entassement du Musée de Lenoir désorganisé. La Ville de Paris, l'église de Saint-Denis, les particuliers eux-mêmes étaient repus et satisfaits. On songeait alors au Musée national, et la lettre suivante fut adressée à son directeur :

« MINISTÈRE DE LA MAISON DU ROI.
(3ᵉ division, Beaux-Arts.)

Invitation de visiter aux Petits-Augustins des morceaux de sculpture convenables au Musée.

« Paris, le 25 mars 1817. — M. le Ministre de l'Intérieur, Monsieur le Comte, m'expose qu'après l'enlèvement des objets d'art déposés aux Petits-Augustins et le placement d'une partie de ces objets soit à Saint-Denis, soit aux divers édifices de la ville de Paris, un grand nombre de morceaux importants resteront sans désignation et pourraient être avantageusement classés dans la salle des sculptures du Musée comme productions de l'école française.

« Je vous invite à visiter ces objets que M. le Ministre de l'Intérieur m'annonce tenir à ma disposition et je vous prie de vouloir bien me faire connaître votre avis sur l'emploi qu'il peut être convenable de leur assigner.

« Je vous renouvelle, Monsieur le Comte, l'assurance de ma considération distinguée.

« *Le directeur général ayant le portefeuille*, Cte DE PRADEL. »

Mais cette tardive invitation à choisir les objets d'art qui pouvaient convenir au Louvre n'était qu'un leurre. Le ministre de l'Intérieur ou plutôt ses agents avaient moins en vue les intérêts de la science et de l'art que la recherche d'un expédient capable de les débarrasser au plus vite possible de monuments encombrants. Ils parurent, en effet, regretter d'être si rapidement obéis et trop promptement pris au mot. Les prétentions du comte de Forbin, que tout à l'heure je déclarais avoir été trop modestes, furent trouvées excessives, et quelques-uns des plus importants monuments réclamés lui furent refusés. Il écrivit en conséquence la lettre suivante :

« *Le Directeur général des Musées royaux à S. E. le Ministre secrétaire d'État au département de l'Intérieur.*

« 27 mars 1817. — Monseigneur, V. Exc. me permettra-t-elle, en la priant d'agréer l'expression de ma reconnaissance pour la nouvelle preuve de bienveillance qu'elle vient d'accorder à l'administration dont la Direction m'est confiée, de m'autoriser de la bonté particulière dont elle veut bien m'honorer pour mettre sous ses yeux une réclamation qui, je n'en doute pas, ne peut que lui paraître appuyée sur la raison et sur la justice.

« V. Ex., en mettant à la disposition du Musée royal une partie des objets d'art qui composaient le Musée des Petits-Augustins, a voulu sans doute comprendre dans cette division les monuments qui, ne pouvant être replacés où ils ont été jadis et ne convenant par leur nature à aucun de ceux que l'on dote aujourd'hui des débris de la précieuse collection des monuments français, ne sauraient trouver d'asyle plus honorable qu'au Musée royal. Parmi ces objets, je m'étais empressé, sur l'invitation de M. le comte de Pradel, de désigner :

« 1º Un groupe en marbre blanc exécuté par Germain Pilon et représentant, sous la figure des Grâces, Catherine de Médicis, la duchesse d'Étampes et la duchesse de Villeroy ;

« 2º Une colonne en marbre de Campan rouge élevée à la mémoire du Cardinal de Bourbon ;

« 3º Une statue en marbre et en pied d'Henri IV en habit de guerre, exécutée par Francheville ;

« 4º Un groupe en marbre représentant Diane de Poitiers sous la figure de Diane, par Jean Goujon ;

« 5º Enfin le monument du Pont-au-Change, sur lequel on voit les statues de Louis XIII, d'Anne d'Autriche et de Louis XIV, par Guillain ;

« 6º Plus une cheminée provenant du château de Villeroy.

« J'apprends par la note que M. Lafolie, conservateur des monuments publics, vient de me transmettre par vos ordres, que ces cinq objets ont déjà reçu une destination et doivent être placés à Saint-Denis. Ce ne peut être sans doute à titre de monumens religieux, puisque deux d'entre eux, Diane de Poitiers en Diane chasseresse et le groupe des Trois Grâces portent évidemment des caractères qui semblent indiquer leur place tout autre part que dans un temple consacré à de pieux souvenirs et que les trois autres monumens, purement historiques, ne viennent pas de Saint-Denis et n'étaient même pas tous placés dans des églises. Ce n'est donc pas, par un désir mal entendu d'enrichir le Musée royal aux dépens de tel autre lieu où ces objets d'art seraient plus raisonnablement placés, que je prends la liberté de les demander aujourd'hui à V. Exc., mais c'est avec la conscience que nulle part ils ne le seraient d'une manière plus convenable; et, si V. Exc. veut bien remarquer que l'on s'occupe en ce moment avec activité d'établir au Louvre des salles consacrées à la sculpture moderne, il ne lui échappera pas que le but sera manqué et que notre école perdra la plus grande partie de son éclat, si elle est privée des chefs-d'œuvre que j'ai l'honneur de réclamer, chefs-d'œuvre qui rappellent si glorieusement le souvenir des Jean Goujon et des Germain Pilon, aujourd'hui même encore l'honneur de la sculpture française dont ils furent les premiers ornemens. »

Cette lettre ne fit pas tomber immédiatement toutes les difficultés ni toutes les chicanes. Elle les amoindrit toutefois. On trouvera en note des documents [1] qui montrent que la lutte contre

[1]. *Le Secrétaire général des Musées royaux à M. Lafolie, conservateur des monuments publics.*

« 29 mars 1817. — Monsieur, je m'empresse de vous adresser l'état des objets choisis dans le Musée des Monumens français pour le Musée royal des Arts, en conséquence de l'autorisation de S. Ex. le Ministre de l'Intérieur. Ces objets sont ceux qui ont d'abord été choisis par M. le comte de Forbin, MM. Fontaine et Boutard. A la suite de cet état on a compris six bustes, un bas-relief et deux renommées dont la possession serait d'un grand intérêt pour la collection. Je vous prie, Monsieur, d'avoir la bonté d'employer votre crédit pour lever les difficultés qui pourraient s'opposer à leur remise. Agréez d'avance tous mes remercîments de ce que vous voudrez bien faire en cette circonstance en faveur du Musée ainsi que l'assurance, etc. »

Le Ministre de l'Intérieur à M. le comte de Forbin. directeur général des Musées royaux.

« Paris. le 5 avril 1817. — Monsieur le comte,

les légitimes prétentions du Musée, sans

par une lettre du 27 mars dernier, vous avez réclamé pour la salle de sculpture française, au musée royal, 5 objets du dépôt des Petits-Augustins, savoir :

« 1° N° 111 — Un groupe en marbre, reprè-présentant les Trois Grâces, par Germain Pilon.

« 2° N° 112. — Une colonne en marbre de Campan rouge, élevée à la mémoire du cardinal de Bourbon.

« 3° N° 113. — Une statue d'Henri IV, par Francheville.

« 4° N° 467. — Un groupe représentant Diane de Poitiers sous la figure de Diane, par Jean Goujon.

« 5° N° 474. — Le monument du Pont-au-Change, représentant Louis XIII, Anne d'Autriche et Louis XIV, par Guillain.

« Je viens d'ordonner à M. Lafolie, conservateur des monumens, de tenir à votre disposition les n°ˢ 111, 113 et 474. Quant à Diane de Poitiers, sous le n° 467, une ordonnance du Roi l'a rendue à Madame la duchesse d'Orléans, et, au sujet de la colonne sous le n° 112, cet objets et venu de Saint-Denis et doit retourner à cette

cesser complètement, devint moins vive à partir de ce moment.

église d'après l'ordonnance du 24 avril 1816. J'ai l'honneur d'être, monsieur le comte, avec la considération la plus distinguée, votre très humble serviteur. — Le ministre secrétaire d'État de l'Intérieur. — LAINÉ. »

Le Conservateur des Monuments publics au Directeur général des Musées royaux.

« Paris, le 11 avril 1817. — Monsieur le comte, vous avez demandé pour le Musée royal les objets d'art décrits au catalogue général du dépôt des Petits-Augustins sous les n°s 111, 112, 113, 467 et 474. Son Excellence me donne avis que les deux articles ayant pour n°s 111 et 467 ne peuvent être accordés : l'un, parce qu'il appartient à l'église royale de Saint-Denis et doit y rentrer ; l'autre, parce qu'il est réclamé par S. A. S. madame la duchesse d'Orléans. Mais elle m'autorise à mettre à votre disposition les trois autres, savoir : le groupe des Trois Grâces, la statue de Henri IV et celle de Louis XIV, n°s 112, 113 et 474. Lorsque vous jugerez convenable d'ordonner l'enlèvement de ces objets,

En juin 1818, voici quelle était la liste des objets accordés aux Musées :

les agents chargés du transport devront se rendre au bureau de la conservation pour y retirer les permis de sortie du Dépôt. Agréez, M. le comte, etc. — Ch. J. Lafolie. »

Le Conservateur des Monuments publics au Directeur général des Musées royaux.

« Paris, le 15 juin 1818. — Monsieur le comte, j'ai l'honneur de vous prévenir que S. Exc. le Ministre secrétaire d'État de l'Intérieur vient de m'autoriser à mettre à votre disposition les deux figures en bronze placées en acrotères sur le fronton intérieur de la salle dite du xvie siècle, au dépôt des Petits-Augustins. En conséquence je m'empresse de vous transmettre le bon de sortie des dites statues. Je saisis avec empressement cette occasion de vous renouveller l'expression de la considération, etc. Le conservateur, — Ch. J. Lafolie. »

Le comte de Pradel, ministre de la Maison du Roi, au Directeur général des Musées royaux.

« Paris, 18 juin 1818. — Je vous préviens, Mon-

Premier état des objets du Musée des Petits-Augustins accordés au Musée royal par S. E. le Ministre de l'Intérieur.

1. — Autel érigé à Jupiter par les commerçants de Paris.

sieur le comte, que M. le Ministre de l'Intérieur vient de mettre à la disposition du musée deux petites statues qui faisaient partie du Dépôt des Petits Augustins. Vous pouvez en conséquence les faire réclamer auprès de M. Lafolie, conservateur des monuments chargé de cette remise et je vous invite à donner le plus promptement possible des ordres à cet effet, etc., etc. — Cte DE PRADEL. »

*Le Conservateur des Monuments publics
au Directeur général des Musées royaux.*

« Paris, le 9 juillet 1818. — Monsieur le comte, vous avez demandé à S. Ex. le Ministre secrétaire d'État de l'Intérieur que de nouveaux objets existant au dépôt des Petits-Augustins fussent accordés au musée royal et Elle nous a fait connaître ceux qui peuvent être mis à votre disposition. J'ai l'honneur de vous adresser,

2. — Autre autel chargé de figures en bas-relief de Jupiter, d'Esus, de Vulcain et d'une allégorie.

conformément à ses instructions, les bons nécessaires pour en obtenir la remise. Veuillez bien donner les ordres pour que ces objets soient retirés le plus promptement possible du Dépôt, dont le local est destiné comme vous le savez à recevoir incessamment les Écoles des Beaux-Arts. Agréez, Monsieur le comte, l'expression de la haute considération avec laquelle j'ai l'honneur d'être, etc. — Ch. J. Lafolie. »

Cte de Pradel, D^r général ayant le portefeuille de la Maison du Roi, au Directeur des Musées royaux.

« Paris, le 13 août 1818. — M. le Préfet de la Seine, m'annonce, Monsieur le comte, la résolution de mettre à la disposition du Musée royal quelques-uns des bas-reliefs provenant de la fontaine des Innocents et les fragments de l'ancienne statue équestre de Henri IV dont l'état est ci-joint. Je vous prie en conséquence de

3. — Suite du même autel orné de figures en bas-relief de Castor et de Pollux, de Pan, etc.

4. — Débris du même autel sur lequel on voit encore les traces des figures de Vénus et de Mercure [1].

faire choix d'une personne pour recevoir ces objets d'art qui devront rester dans les magasins du Musée jusqu'à ce que les salles que l'on prépare pour les monumens de la sculpture française soient disposées à cet effet, etc. — Le Directeur général ayant le portefeuille, — Cte DE PRADEL. »

1. Cet objet et les trois précédents, qui sont aujourd'hui conservés au musée de Cluny, furent rendus au conservateur des Monuments publics de Paris à la suite d'une correspondance échangée entre le comte de Forbin et Ch. J. Lafolie : « 6 octobre 1820. — Monsieur le Directeur, — Deux autels antiques, en 4 morceaux, érigés à Jupiter et à Vulcain, ont été livrés au musée le 3 avril 1817 d'après la demande qui en fut faite par le ministère de la maison du Roi. J'apprends que ces autels n'ont point trouvé place dans les

74. — Buste de Charles-Quint, en marbre et en albâtre, par Jean Cousin.

salles du Musée royal et qu'ils sont demeurés jusqu'à ce moment sur un des emplacements qui est devant le quai du Louvre. Vous savez qu'on restaure maintenant le palais des Thermes. Les autels dont il s'agit y seraient convenablement placés. S'ils n'ont effectivement reçu aucune destination, comme il serait à craindre qu'en restant plus longtemps aux intempéries ils ne fussent exposés à une prochaine dégradation, je vous serais particulièrement obligé de les faire mettre à ma disposition. Je m'empresserais d'ordonner leur rentrée dans le dépôt des monumens, rue des Petits-Augustins, jusqu'à ce que la restauration du palais des Thermes fût achevée. Agréez, etc. — Le conservateur, des monuments, Ch. J. Lafolie. »

« Paris, le 24 novembre 1820. — Monsieur le comte, — Vous m'avez fait l'honneur de me donner avis que deux autels antiques érigés à Jupiter et à Vulcain, qui faisaient partie de l'ancien musée des Monumens français et qui n'ont pu trouver place dans la belle collection du Musée royal, seraient mis à ma disposition...

93. — Mausolée de Philippe de Commines, d'Hélènes de Chambes, sa femme, et de Jeanne de Commines, leur fille.

105. — Colonne funéraire élevée à la gloire d'Anne de Montmorency, en marbre blanc.

107 *bis*. — Buste de Jean Goujon, par Michalon.

111. — Le groupe des Trois Grâces, par Germain Pilon.

112 *bis*. — Deux statues en bronze représentant la Paix et l'Abondance [1].

112 *ter*. — Grand bas-relief en pierre de liais représentant Jésus au tombeau et les saintes femmes, par Jean Goujon.

113. — Statue en pied de Henri IV, par Francheville. C'est bien la statue aujourd'hui au château de Pau et non pas celle qui était

---

Ces autels seront placés dans le dépôt jusqu'à la restauration complette du palais des Thermes... — CH. J. LAFOLIE. »

1. Ce sont deux des statues du monument d'Anne de Montmorency aux Célestins.

conservée naguère à Versailles sous le n° 2814 du Catalogue, aujourd'hui au Louvre [1].

121. — Statue en marbre blanc représentant David vainqueur de Goliath, par Francheville (avec le bas-relief et le piédestal).

122. — Le Jugement de Suzanne, bas-relief en pierre de Tonnerre, par Jean Rigier (*sic*).

145. — Buste en bronze de François Ier, par Jean Cousin.

155. — Buste en bronze d'Olivier Lefevre, seigneur d'Ormesson, par Paul Ponce.

193. — Quatre esclaves qui ornaient le piédestal de la statue d'Henri IV, par Francheville, en bronze.

200 *bis*. — Buste en marbre de Colbert, par Anguier.

207. — Le Mausolée de la famille de Longueville, par Anguier, en marbre.

208. — Colonne triomphale ajustée avec

---

[1]. *Alexandre Lenoir, son Journal et le Musée des Monuments français*, t. I, p. 187.

les quatre bas-reliefs qui ornaient le piédestal de la statue de la place des Victoires [1].

212. — Louis XIV à cheval, modèle en bronze de la statue équestre qui se voyait à la place Vendôme, par Girardon.

231. — Cuirasse d'acier et casque en fer repoussé chargé de sculptures.

232. — Buste colossal en marbre de Pierre Séguier, par Jacques Sarrazin [?].

240. — Pied gauche de la statue équestre de Louis XIV qui décorait la place Vendôme.

250. — Un bas-relief en pierre grossièrement sculpté, représentant un des signes du Zodiaque.

265. — Buste en marbre de Henri IV, par Prieur. [Lisez par Barth. Tremblay].

---

1. Les bas-reliefs du piédestal de la statue de Louis XIV à la place de Victoire sont venus au Louvre, mais la colonne est restée à l'École des Beaux-Arts. Voyez *Alexandre Lenoir, son Journal et le Musée des Monuments français*, tome II, p. 46 et 47.

266. — Louis XIII enfant, buste en marbre, par Prieur [?].

273. — Buste de Claude Fabri de Peiresc, antiquaire et magistrat célèbre, par Francin fils, en marbre.

276. — Buste en marbre d'Armand-Jean Duplessis, cardinal de Richelieu, par Coyzevox [?].

279. — Buste en marbre de Mazarin, par Coyzevox [?].

311. — Buste en marbre du célèbre Bossuet, évêque de Meaux, par Coyzevox.

312. — Buste en marbre de Boileau, par Girardon.

338. — Buste de Michel Letellier, marquis de Louvois, par Coyzevox.

342. — Modèle en bronze de la statue équestre de Louis XV, par Bouchardon.

395. — Buste en marbre de Maurice de Saxe, par Pigalle.

440. — Buste colossal en marbre blanc, représentant Mansard, par J.-L. Lemoine.

446. — Buste à mi-corps représentant Louis XII, par Demugiano.

469. — Médaillon en bronze de Philibert De Lorme [?].

490. — Buste en marbre de Fénelon, par Coyzevox.

496. — Buste en terre cuite de Nicolas Coustou, par Guillaume Coustou [1].

542 *bis*. — Cuvette en marbre en forme de coupe à double étage, ornée d'arabesques.

544. — Superbe monument d'architecture, bâti par Henri II et tiré de Nogent-sur-Seine.

547. — Buste d'Henri II, en albâtre, par Germain Pilon.

548. — Buste de Charles IX, en marbre et en albâtre, par Germain Pilon.

549. — Buste en albâtre de Henri III, par Germain Pilon.

551 *bis*. — Monument d'architecture orné de bas-reliefs et formant cheminée, par Germain Pilon; le buste de Coligny (*sic*), par Jean Goujon, en marbre.

---

1. Au Musée de Versailles, n° 644 du Catalogue.

558 *bis*. — Petit bas-relief représentant la Nativité de J.-C., par Albert Durer.

562. — Buste en bronze de Martin Fréminet, peintre célèbre.

565. — Buste en bronze de Jean de Bologne, sculpteur et architecte célèbre.

N. B. — Le vicomte de Sénonnes a arrêté le choix des objets compris dans cette liste de concert avec le conservateur; il a écarté de la note de ses demandes, d'après les observations qui lui ont été faites, plusieurs monumens qui peuvent être réclamés soit par des églises, soit par des particuliers.

La part du Louvre dans la répartition des Monuments du Musée des Petits-Augustins était encore bien maigre. La direction des Musées royaux ne pouvait se tenir pour satisfaite. Elle continua de réclamer auprès du ministre de l'Intérieur pour obtenir que de nouveaux objets lui fussent attribués. Le ministre répondit à M. de La Boulaye, secrétaire général du Ministère de la Maison du Roi, chargé de la direction des Musées en l'absence de M. le comte de Forbin :

Paris, le 6 juillet 1818.

Monsieur, j'ai reçu, avec votre lettre du 23 juin, une liste d'objets d'art du dépôt des Petits-Augustins qui vous ont paru assez intéressants pour être réunis, au Musée du Louvre, à ceux qui ont été précédemment transportés et qui proviennent du même dépôt.

J'ai fait vérifier si tous ces nouveaux objets étaient disponibles. Quelques-uns ont été accordés à M. le Préfet de la Seine pour les églises de Paris; un autre appartient à la commune de Magny qui l'a réclamé. Un bas-relief, le *Jugement de Suzanne,* est destiné au Musée du Louvre depuis longtemps. Un monument de Louis XIII devait être transporté à Saint-Denis, l'on a renoncé à ce projet; je le laisse à votre disposition. Au reste, je vous transmets copie de votre état où j'ai fait ajouter des notes indiquant la situation des choses. Vous pouvez disposer de tout ce qui est marqué sans destination.

Quant aux nymphes de la fontaine des Innocents qui existent dans les ateliers de la fonderie du Roule et aux fragments de l'ancienne statue de Henri IV qui sont dans les caves de l'Hôtel de ville, je vais écrire à M. le Préfet de la Seine pour avoir un rapport.

J'ai l'honneur de vous offrir, Monsieur, l'assurance de ma considération.

Le Ministre secrétaire d'État de l'Intérieur,
Lainé.

Note additionnelle des monumens des Petits-Augustins qui ont été marqués pour que la demande en soit faite par l'administration du Musée royal afin de les réunir à ceux qui ont déjà été déposés dans les magasins provisoires au Louvre, pavillon de Beauvais, si toutefois l'autorisation est accordée :

466. — Les émaux du monument de Diane de Poitiers et les 4 figures. — Sans destination.

456. — Le piédestal de la colonne érigée à Henri III. — Les 2 bas-reliefs seulement sans destination.

262. — Deux médaillons en marbre, de Louis XIV et de Marie-Thérèse d'Autriche. — Sans destination.

551. — Les deux colonnes d'albâtre de ce monument appartenant à la commune de Magny.

147. — Médaillon en marbre représentant J. Calvin. — Sans destination.

474. — Monument de Louis XIII. Il avait été demandé par Saint-Denis qui y a renoncé.

367. — Buste en marbre de Louis XVI. — Sans destination.

368. — Buste en marbre de Marie-Antoinette. — Sans destination.

450. — Le Génie en marbre. — Sans destination.

112. — Bas-relief et piédestal, accordé à Saint-Denis.

97. — Statue en bronze. — Sans destination.

101. — Bas-relief en bronze. — Accordé au préfet.

100. — Statue en pierre. — Sans destination.

98. — Monument de l'amiral Chabot. — Sans destination.

Quatre fayences (salle du xvi*e* siècle). — Sans destination.

Deux colonnes en brèche dorée, bases et chapiteaux. Salle du xvi*e* siècle. — Sans destination.

115. — Les 4 colonnes en verd de mer de ce monument. — Sans destination.

475. — Les 4 petits bas-reliefs en marbre de J. Goujon. — Sans destination.

291. — Le buste d'Édouard Colbert, en marbre. — Sans destination.

Huit cippes de colonnes en marbre rouge. — Sans destination.

408. — Le buste en marbre de Buffon. — Sans destination.

165. — Le buste de Christophe de Thou. — Sans destination.

186. — Piédestal garni d'émaux. — Accordé au préfet.

122. — Bas-relief en pierre représentant le Jugement de Suzanne. — Déjà accordé au musée.

328. — Bas-relief en albâtre représentant Loth et ses filles. — Sans destination.

Sophite (*sic*) en pierre garnie d'arabesques. — Sans destination.

Dix morceaux d'arabesques en marbre (partie dans les combles). — Sans destination.

Trente-trois médaillons d'empereurs, en marbre. Ils sont chantournés pour être posés sur des fonds. — Sans destination.

225. — Bas-relief en marbre représentant Tobie enterrant les morts (dans les combles). — Accordé au préfet.

Quatre têtes de lion avec cornes d'abondance (bas-reliefs provenant de Gaillon). — Sans destination.

Quatre bas-reliefs d'arabesques en pierre (provenant des Grands-Augustins, dans le jardin). — Sans destination.

63. — Grande cuvette en pierre de liais (dans le jardin). — Sans destination.

La grille en fer, etc., devant la chapelle de François 1er. — Sans destination.

Nota. — Il serait bon de réunir également à ces monumens les 3 nymphes de J. Goujon, en pierre, provenant de la fontaine des Innocents, qui existent dans les ateliers de la Fonderie du Roule ainsi que les fragments de l'ancienne statue en bronze d'Henri IV, qui existent dans les caves de l'Hôtel de ville. Ceci doit être l'objet d'une demande particulière au préfet.

151. — Le médaillon de Rabelais, en marbre. — Accordé au préfet.

469 *bis*. — Jean Bullant. — Sans destination.

Un fragment de 2 figures en marbre, par Jean Cousin, en bas-relief (Petits-Augustins). — Sans destination.

Cette nouvelle réclamation ne fut pas inutile. Quelques monuments furent encore attribués au Musée du Louvre, en voici la liste :

Deuxième état des objets du Musée des Petits-Augustins qui ont été accordés au Musée royal par S. E. le Ministre de l'Intérieur.

466. — Les émaux du monument de Diane de Poitiers et les 4 figures.

456. — Le piédestal de la colonne érigée à Henri III.

262. — Deux médaillons en marbre, de Louis XIV et de Marie-Thérèse d'Autriche, par Coyzevox.

474. — Monument de Louis XIII, par Guillain.

147. — Médaillon en marbre représentant J. Calvin.

367. — Buste en marbre de Louis XVI, par M. Houdon.

368. — Buste en marbre de Marie-Antoinette, par M. Lecomte.

450. — Le Génie, en marbre, par Prieur.

97. — Statue en bronze d'Albert Pio, comte de Carpi, par Ponce.

100. — Statue en pierre de Charles Maigné, capitaine des gardes de la porte de Henri III, par Ponce.

98. — Monument de l'amiral Chabot; la figure de Chabot, en albâtre, par J. Cousin.

Quatre fayences (salle du xvie siècle).

Deux colonnes en brèche dorée, bases et chapiteaux (salle du xvie siècle).

115. — Les quatre colonnes en verd de mer de ce monument.

475. — Les quatre petits bas-reliefs en marbre de J. Goujon.

291. — Le buste d'Édouard Colbert, frère du ministre, en marbre, par Desjardins.

Huit cippes de colonnes en marbre rouge.

408. — Le buste en marbre de Buffon, par Pajou.

165. — Le buste de Christophe de Thou, par Anguier.

328. — Bas-relief en albâtre, représentant Loth et ses filles.

Sophite en pierre, garni d'arabesques.

Dix morceaux d'arabesques en marbre.

Trente-trois médaillons d'empereurs, en marbre.

Quatre bas-reliefs d'arabesques en pierre.

Quatre têtes de lions avec cornes d'abondance.

63. — Grande cuvette en pierre de liais.

La grille en fer devant la chapelle de François Ier.

469 *bis*. — Jean Bullant, mausolée.

Un fragment de deux figures, en marbre, par J. Goujon, en bas-relief.

Cependant rien de sérieux ne fut et ne pouvait être entrepris avant 1818. Le Louvre n'avait pas encore de salles qui fussent aménagées pour recevoir les collections de sculpture moderne. Sur les quarante-neuf monuments qui avaient été attribués au Musée royal par décision du ministre de l'Intérieur, en date du 3 avril 1817, trois seulement avaient été portés

au Louvre à la date du 5 mai 1818.
C'étaient le groupe des *Trois Grâces* de
Germain Pilon, les quatre esclaves du
piédestal de la statue de Henri IV et une
colonne de marbre de Languedoc. Pendant ce temps, l'École des Beaux-Arts
réclamait les bâtiments des Petits-Augustins, encombrés par les débris épars
du Musée de Lenoir. Le conservateur
des monuments publics de Paris, chargé
de la triste besogne de démembrer ce
Musée, intervint et pressa l'administration des Musées royaux d'achever le
transport des monuments marqués pour
le Louvre [1]. Alors M. de Forbin prescri-

1. *Le Conservateur des Monuments publics
au Directeur des Musées nationaux.*

« Paris, le 5 mai 1818. — Monsieur le comte,
par décision du 3 avril 1817, S. E. le ministre
secrétaire d'État de l'Intérieur a autorisé sa
remise au Musée royal de 49 monuments
choisis dans la collection du Dépôt des Petits-

vit à ses chefs de service de prendre les mesures nécessaires pour la réception et l'installation provisoire des nouveaux monuments. Les deux lettres suivantes témoignent de ses intentions :

Augustins. Depuis cette époque il a seulement été procédé à l'enlèvement du groupe des Trois Grâces, des quatre esclaves qui décoraient les angles du piédestal de l'ancienne statue d'Henri IV et d'une colonne en marbre de Languedoc. Cependant le moment approche où le local des Petits-Augustins doit être consacré aux écoles des Beaux-Arts, et les dispositions préparatoires vont être faites pour qu'il reçoive cette destination. Il importerait donc que l'évacuation des salles eût lieu le plus tôt possible. Déjà M. le Préfet de la Seine fait retirer du dépôt les monuments réclamés par les églises de Paris. Je vous prie, Monsieur le comte, de vouloir bien, de votre côté, donner les ordres nécessaires pour que l'enlèvement des objets accordés au Musée royal soit effectué aussi dans le délai le plus rapproché. Les bons d'autorisation de sortir du Dépôt seront remis aux

« *Le Directeur général des Musées royaux à M. Fontaine, architecte du Roi, membre de l'Institut.*

« 6 mai 1818.

« Monsieur et cher collègue, — Étant pressé par M. Lafolie, conservateur des

agens chargés du transport aussitôt qu'ils les réclameront. Agréez l'expression de la haute considération avec laquelle j'ai l'honneur, etc. — Ch. J. Lafolie. »

Le Directeur général ayant le portefeuille de la Maison du Roi au directeur des Musées royaux.

« Paris, 15 mai 1818. — M. le Ministre de l'Intérieur, m'expose, Monsieur le comte, qu'un certain nombre de monuments déposés au Musée des Petits-Augustins et remis au Musée royal n'ont point encore été enlevés et que ce retard oblige d'ajourner les travaux qui ont été ordonnés aux Petits-Augustins. Je vous invite à faire enlever le plus promptement possible ces objets. Ils seront provisoirement déposés dans les magasins du Musée, en attendant que les

Monuments publics, de faire effectuer l'enlèvement des objets provenant du Musée des Monuments français et accordés au Musée royal par S. E. le ministre de l'Intérieur, je vous prie de vouloir bien faire disposer le plus promptement possible une des salles destinées à la sculpture moderne dans les bâtiments du Louvre, pour y recevoir lesdits objets de la manière la plus convenable. Je pense que la salle qui est immédiatement placée près les appartements de M. le Gouverneur du Louvre serait plus propre qu'aucune autre à ce dépôt, etc., etc.

« Comte de Forbin. »

« *Le Directeur général des Musées royaux à M. le Cte de Clarac, conservateur des antiques du Musée royal.*

« 6 mai 1818.

« M. le comte, j'ai l'honneur de vous

dispositions nécessaires aient été faites pour leur arrangement dans les galeries. Je vous renouvelle, Monsieur le comte, etc., etc. — Le Directeur général ayant le portefeuille – Cte de Pradel. »

transmettre la note des objets accordés par Son Ex. le Ministre de l'Intérieur au Musée royal et provenant du dépôt des Monuments français. M. Lafolie, conservateur des Monuments publics, me pressant pour l'enlèvement desdits objets qui sont encore aux Petits-Augustins, je vous invite, en conséquence, à vouloir bien vous entendre avec lui pour faire effectuer le plus promptement possible le transport de ces objets dans les bâtiments du Louvre qui seront disposés pour les y recevoir. Je vais donner communication de ces dispositions à L. Lange, afin qu'il se concerte avec vous pour le placement desdits objets, etc., etc.

« Comte de Forbin. »

Le même jour, 6 mai 1818, le Directeur général des Musées royaux écrivit à M. Lafolie, conservateur des monuments publics, pour lui annoncer qu'il avait donné des ordres concernant l'enlèvement *sans retard* des objets provenant du dépôt des Petits-Augustins.

Ces ordres furent vraisemblablement exécutés. Mais l'installation des nouvelles collections, par le fait de l'architecte ou par celui de l'administration supérieure, ne marcha pas au gré du Directeur des Musées. Les fonds manquaient, paraît-il, et, en ne fournissant pas l'argent nécessaire, les ministres entravaient indirectement ce qu'ils ordonnaient directement d'exécuter. Un an entier se passa sans que les salles de la sculpture moderne fussent prêtes. Le 19 octobre 1819, le comte de Forbin, las d'attendre, demanda à l'architecte du Palais du Louvre de faire connaître l'époque où les locaux réclamés seraient disponibles. Voici la réponse de l'architecte Fontaine.

« Paris, ce 22 octobre 1819.

« Monsieur le comte, il m'est impossible de répondre d'une manière positive à la question que vous m'avez fait l'honneur de m'adresser le 19 courant sur l'époque à laquelle les salles du Musée de la sculpture moderne au Louvre peuvent être achevées. Presque toutes les statues, bustes et bas-reliefs mis à notre disposition sont en place, la statue du Milon et celle de la Diane seront mises sur leurs piédestaux très incessamment. On prépare des colonnes tirées de Versailles pour décorer les faces de la salle de Diane et supporter des bustes. On se dispose à commencer le pavé de l'une des cinq salles qui sont à faire; mais les travaux qui ne sont pas encore la totalité de ce que l'on peut faire dépendent des ordres qui nous seront donnés et des fonds que le Roi fixera pour ce sujet dans le budget de l'année prochaine. Ainsi je ne prévois pas que d'ici à un an il y ait lieu de penser que les salles nouvelles puissent être remises en garde à votre administration.

« J'ai l'honneur d'être avec respect, Monsieur le comte, votre très humble et très obéissant serviteur.

« FONTAINE. »

Les fonds attendus pour 1820 ne furent sans doute pas accordés ou ne furent que parcimonieusement livrés. Rien n'était encore terminé l'année suivante. Il résulte des termes d'une lettre du 29 juin 1821 que des monuments « de la sculpture du xve siècle » se trouvaient dans les nouvelles salles du rez-de-chaussée du Louvre, mais que trois de ces salles affectées à la sculpture moderne ne sont pas encore pavées.

En novembre 1821, le directeur des Musées royaux sollicitait encore pour obtenir de nouveaux monuments destinés à garnir les salles. Voici la liste des pièces qu'il demandait au comte Siméon, ministre de l'Intérieur, de vouloir bien attribuer au Louvre. On ne s'étonnera pas de voir réclamer deux fois des objets qui avaient été précédemment accordés. Cela prouve que, malgré des ordres précis, lesdits objets n'étaient pas encore en place ou même n'avaient pas tous été transportés au Musée.

État des objets d'art provenant de l'ancien Musée des monuments français et demandés par M. le Directeur des Musées royaux le 9 novembre 1821.

DÉSIGNATION DES OBJETS ET OBSERVATIONS.

106. — Colonne funèbre en marbre de Timoléon de Cossé par Michel Anguier. — — Sans destination.

381. — Deux têtes de Méduse en bronze. — Sans destination.

231. — Deux boucliers en fer repoussé. — Sans destination.

146. — Une tête de Charles-Quint. — C'est un médaillon en bronze représentant Char-

les-Quint et déjà accordé au préfet de la Seine.

« — Une petite statue de la Fortune par Jean Cousin. — Cette figure allégorique fait partie du monument de l'Amiral Chabot déjà accordé au Museum et n'a pas été enlevée par oubli.

145. — Un buste en marbre de Gluck. — Sans destination.

406. — Un buste en marbre de Voltaire. — Sans destination.

349. — Deux soldats romains en marbre, couchés, par Germ. Pilon. — Sans destination.

« — Un sarcophage en marbre grec et un couvercle. — Sans destination.

« Deux piédestaux semblables. — Ils sont en pierre de liais et proviennent des démolitions du château d'Anet. — Sans destination.

105. — Une colonne torse. — C'est la colonne funéraire d'Anne de Montmorency déjà au Musée et délivrée le 18 septembre dernier.

« — Une statue de Prieur. — C'est le génie qui surmontait la colonne ci-dessus et qui a été enlevé par le Musée le 15 septembre dernier.

491. — Buste en terre cuite de François Lamoignon. — Sans destination.

« — Un obélisque, en marbre, de Longueville. — Déjà accordé et délivré au Musée.

« — Buste de l'Am. La Touche-Tréville, par Renaud. — Sans destination.

« — Bas-relief en marbre représentant Balbiani de Birague par G. Pilon. — Sans destination.

Un vase en albâtre représentant les Noces de Cana (*sic*).

Le comte Siméon transmit la demande de M. de Forbin au Conservateur des monuments publics chargé de la liquidation du fonds du Musée des Monuments français. Ce fonctionnaire répondit, en novembre 1821, au ministre, dans les termes suivants :

*A S. E. le comte Siméon, secrétaire d'État
de l'Intérieur.*

« Paris, 23 novembre 1821.

« Monseigneur,

« Vous m'avez fait l'honneur de me renvoyer le 13 de ce mois une lettre par laquelle M. le Directeur des Musées royaux demande divers objets d'art provenant de l'ancien Musée des Monuments français pour être réunis à ceux qui ont déjà été accordés au Musée royal et placés dans les salles des sculptures françaises, au Louvre, et vous m'avez invité à vous faire un rapport sur cette demande. V. E. verra, par l'état ci-annexé, que partie des objets compris dans la demande du Directeur ont déjà été délivrés au Musée, que le médaillon représentant Charles-Quint a été mis à la disposition de M. le Préfet et que les articles suivants sont les seuls qui peuvent être accordés :

« La colonne de Timoléon de Cossé.

« Les deux têtes de Méduse.

« Les deux boucliers.

« Les bustes de Gluck et de Voltaire.

« Les deux soldats romains.

« Le sarcophage en marbre grec.

« Les deux piédestaux semblables.

« Le buste de François de Lamoignon.

« Le buste de l'Amiral La Touche-Tréville.

« Le bas-relief de Balbiani de Birague.

« Et le vase en albâtre représentant les *Noces de Cana*.

« J'attendrai que V. E. ait bien voulu me faire connaître les déterminations qu'elle aura prises à cet égard. Je suis avec respect, etc. — Le conservateur des monuments,

« CH. J. LAFOLIE. »

Le ministre de l'Intérieur, répondant à son tour au Directeur des Musées royaux, lui adressa la liste des monuments encore disponibles qu'on vient de lire ci-dessus, avec la lettre suivante :

« Paris, le 27 novembre 1821.

« Monsieur le Comte, le 9 de ce mois la

demande a été faite, par votre Direction générale et pour les galeries du Louvre, de différents morceaux de sculpture existans aux Petits-Augustins. Je vous envoye une note qui explique que plusieurs de ces objets ont déjà été donnés au Musée royal et que d'autres ont été enlevés pour les églises et édifices publics. Le reste, suivant l'état ci-joint, est entièrement à votre disposition. Recevez, etc. »

On attendit trois ans encore les subsides du trésor ou la bonne volonté de l'architecte du roi. Enfin, en la bienheureuse année 1824, les salles de la sculpture moderne s'ouvrirent pour la première fois au public, sous le nom de Galerie d'Angoulême, dans le coin de la cour du Louvre connu sous le nom de Pavillon de Beauvais. Tel a été le laborieux enfantement des collections de la sculpture moderne au Musée du Louvre.

En tête de la *Description des ouvrages*

de la sculpture française des XVIe, XVIIe *et*
XVIIIe *siècles exposés dans les salles de la
Galerie d'Angoulême*, publiée en 1824,
le comte de Clarac, conservateur des
Antiques du Musée royal, plaçait cette
préface :

« La plupart des sculptures de ces cinq
nouvelles salles que la munificence du Roi
a ajoutées à son Musée royal, et qu'il vient
d'honorer du nom d'Angoulême, proviennent du Musée des Petits-Augustins, où,
ainsi qu'une foule d'autres monumens qui
ont été rendus aux lieux d'où ils avaient été
enlevés, ces restes précieux de la sculpture
française avaient trouvé un asile contre la
fureur destructive des temps orageux de la
Révolution. On a donné aux différentes salles, qui malheureusement n'ont pu être disposées dans un ordre chronologique, les noms
des grands sculpteurs français qui ont fait
renaître dans leur patrie le goût de la bonne
sculpture, l'ont illustrée par leurs talens
et embellie par les nombreux monumens

qu'ils y ont élevés. Ces chefs de l'École française sont Jean Cousin, Jean Goujon, Francheville, Germain Pilon, Le Puget. Autour de ces habiles maîtres viennent se grouper un grand nombre d'autres sculpteurs sortis de leurs écoles, dont ils soutinrent l'honneur, et qui contribuèrent à l'éclat dont les arts firent briller les règnes de François Ier, de Henri II et de Louis XIV. »

Les cinq salles d'expositions comprenaient quatre-vingt-quatorze numéros et étaient ainsi aménagées [1] :

SALLE DE JEAN COUSIN.

1. — Vénus au bain, par Allegrain. N° 276 du catalogue de 1873.

2. — Bas-relief de la Force sous l'emblème

---

1. Afin de permettre au lecteur de se reconnaître dans la transmission, j'ai conservé les désignations quelquefois fautives imaginées par Clarac. Les erreurs se trouveront rectifiées plus tard au cours du travail de mon catalogue.

d'un lion qui dévore un sanglier. Fragment du Monument des ducs de Longueville. Nos 178 à 190 du catalogue de 1873.

3. — Charles Meigné. No 37 du catalogue de 1873.

4. — Bataille d'Ivry. Bas-relief en marbre blanc, par Francheville (sic). No 150 du catalogue de 1873.

5. — Esclave. Statue en marbre, par Michel-Ange. No 28 du catalogue de 1873.

6. — Génie versant de l'eau dans un vase. Bas-relief en marbre. Fragment du Monument des ducs de Longueville. Nos 178 à 190 du catalogue de 1873.

7. — Esclave. Statue en marbre, par Michel-Ange. No 29 du catalogue de 1873.

8. — Génie de la Justice. Bas-relief en marbre, par Anguier. Fragment du Monument des ducs de Longueville. Nos 178 à 190 du catalogue de 1873.

9. — Fhilippe de Chabot. Statue en albâtre de Lagny (sic), par Jean Cousin (sic). No 107 du catalogue de 1873.

10. — Bas-relief offrant un des ancêtres

de Philippe de Chabot (sic). N° 107 du catalogue de 1873.

11. — Diane au bain, par Allegrain. N° 277 du catalogue de 1873.

12. — Janus. Bas-relief en marbre. Fragment du Monument des ducs de Longueville. Nos 178 à 190 du catalogue de 1873.

SALLE DE JEAN GOUJON.

« Les huit colonnes qui décorent cette salle », dit Clarac, « sont d'une espèce de brèche violette pâle ; elles sont surmontées de bustes antiques ou d'après l'antique, dont la plupart offrent des têtes inconnues. Le pavé est remarquable par la beauté de ses marbres. C'était dans cette belle salle que se tenaient autrefois les séances de l'Académie française, et l'on y remarquera le buste du cardinal de Richelieu, qui en fut le fondateur. »

13. — Diane de Poitiers sous la figure de Diane (sic). Groupe en marbre, par Jean Goujon. N° 100 du catalogue de 1873.

14. — Henri II couronné de laurier. Buste

en albâtre de Lagny (*sic*), par Germain Pilon. N⁰ 129 du catalogue de 1873.

15. — Amour ou Génie. Bas-relief en marbre. N⁰s 152 à 155 du catalogue de 1873.

16. — Le Cardinal Mazarin. Buste en marbre par Coyzevox (?). Aujourd'hui dans la salle de Coyzevox.

17. — Génie de l'Étude. Statue en marbre. N⁰ 111 du catalogue de 1873.

18. — Boileau-Despréaux. Buste en marbre, par Girardon. N⁰ 211 du catalogue de 1873.

19. — Amour et Psyché. Groupe en marbre, par Canova. N⁰ 383 du catalogue de 1873.

20. — Michel Le Tellier, marquis de Louvois. Buste en marbre. C'est Séguier, par Herrard, aujourd'hui sans numéro dans la salle de Puget.

21. — L'Innocence. Statue en marbre de Carrare, par Callamard. N⁰ 317 du catalogue de 1873.

22. — Fenelon (?). Buste en marbre, par Coyzevox N⁰ 236 du catalogue de 1873.

23. — Psyché. Statue en marbre, par Milhomme. N° 319 du catalogue de 1873.

24. — Génie. Bas-relief en marbre. N°s 152 à 155 du catalogue de 1873.

25. — Charles IX. Buste en marbre, par Germain Pilon. N° 130 du catalogue de 1873.

26. — Henri III. Buste en marbre, par Barthélemy Prieur (sic). N° 131 du catalogue de 1873.

27. — Hyacinthe. Statue en marbre par Callamard. N° 318 du catalogue de 1873.

28. — Génie. Bas-relief en marbre. N°s 152 à 155 du catalogue de 1873.

29. — Bossuet. Buste en marbre, par Coyzevox. N° 237 du catalogue de 1873.

30. — Mansard. Buste en marbre, par Lemoyne. N° 252 du catalogue de 1873.

31. — L'Amour. Statue en marbre, par Bouchardon. N° 272 du catalogue de 1873.

32. — Édouard Colbert. Buste en marbre. par Desjardins. N° 220 du catalogue de 1873.

33. — Le Cardinal de Richelieu. Buste en

marbre, par Coyzevox (?). N° 235 du catalogue de 1873.

34. — Narcisse. Statue en marbre, par Caldelari. N° 385 du catalogue de 1873.

35. — Génie. Bas-relief en marbre. N°s 152 à 155 du catalogue de 1873.

36. — Henri IV couronné de laurier. Buste en albâtre, par B. Prieur (sic). C'est une œuvre de Barthélemy Tremblay. N° 145 du catalogue de 1873.

SALLES DES BRONZES OU DE FRANCHEVILLE.

37. — Nation vaincue. Bronze, par Francheville. N°s 64 à 67 du catalogue de 1873.

38. — Louis XII. Demi-figure en bronze, d'après le marbre qui est à Paris, n° 16 du catalogue de 1873. Le bronze est aujourd'hui au Musée de Versailles, n° 699.

39. — Le passage du Rhin. Bas-relief, par Desjardins. N° 222 du catalogue de 1873.

40. — Olivier Lefevre, seigneur d'Ormesson (sic). C'est Jean d'Alesso. N° 39 du catalogue de 1873.

41. — Louis XIII. Statue en bronze, par Simon Guillain. N⁰ 166 du catalogue de 1873.

42. — Louis XIV enfant. Statue en bronze. N⁰ 165 du catalogue de 1873.

43. — Anne d'Autriche. Statue en bronze. N⁰ 167 du catalogue de 1873.

44. — Louis XIV. Buste en bas-relief (marbre), par Coyzevox (?). Resté longtemps dans la salle de la sculpture moderne, nommée actuellement salle de Coustou.

45. — Bataille de Senlis. Bas-relief. Fragment du monument de Henri de Longueville. N⁰ˢ 178 à 190 du catalogue de 1873.

46. — Secours donné à Arques. Bas-relief. Fragment du monument des ducs de Longueville. N⁰ˢ 187 à 190 du catalogue de 1873.

47. — Martin Fréminet. Buste par Francheville. N⁰ 158 du catalogue de 1873.

48. — Conquête de la Franche-Comté. Bas-relief en bronze, par Desjardins. N⁰ 223 du catalogue de 1873.

49. — Nation vaincue. Statue de bronze.

par Francheville. Nos 64 à 67 du catalogue de 1873.

50. — Traité avec l'Espagne. — Bas-relief en bronze, par Desjardins. N° 221 du catalogue de 1873.

51. — Nation vaincue. Statue de bronze, par Francheville. Nos 64 à 67 du catalogue de 1873.

52. — Jean de Bologne. Buste, par Francheville (sic). N° 68 du catalogue de 1873.

53. — Statue équestre de Louis XIV. [Je crois que ce numéro désignait une statuette de Louis XIV représenté à cheval au galop, et qui venait de l'ancien garde-meuble. Aujourd'hui en magasin.]

54. — Marie-Thérèse d'Autriche. Buste en bas-relief. Marbre, par Coyzevox (?). Resté longtemps dans la salle de la sculpture moderne, nommée actuellement salle de Coustou.

55. — Philibert De Lorme (sic). Médaillon en bronze [1]. N° 148 du catalogue de 1873.

---

[1]. Voyez sur cette pièce : *Notice sur un faux portrait de Philibert Delorme*. Paris 1877 in-8°.

56. — Albert Pic de Savoie, prince de Carpi, par Paul Ponce. N° 36 du catalogue de 1873.

57. — André Blondel. Bas-relief, par Ponce Jacquio (*sic*). N° 38 du catalogue de 1873.

58. — Têtes de Méduse, en bronze. N°s 322 et 323 du catalogue de 1873.

59. — Louis XIV. Modèle ou plutôt réduction de la statue équestre de Girardon. N° 209 du catalogue de 1873.

60. — Michel Le Tellier. Buste en bronze. N° 177 du catalogue de 1873, sous le nom de Pierre Seguier.

61. — François Ier. Buste à mi-corps en bronze. N° 108 du catalogue de 1873.

62. — La Paix de Nimègue. Bas-relief en bronze. N 224 du catalogue de 1873.

63. — Nation vaincue. Statue de bronze, par Francheville. N°s 64 à 67 du catalogue de 1873.

64. — Bouclier. Larg., 0^m,596. « Ce morceau, remarquable par la beauté et la finesse de ses ornements en arabesques, a

été moulé en métal de cloche sur un bouclier du temps de François Ier, ciselé en acier et damasquiné en or, etc. »

SALLE DE GERMAIN PILON.

65. — Vasque en marbre blanc, provenant de Gaillon. N° 17 du catalogue de 1873.

66. — La Prudence. Statue en marbre, par F. Anguier. Fragment du Monument des ducs de Longueville. N°s 178 à 190 du catalogue de 1873.

67. — Colonne de Timoléon de Cossé. Marbre. N°s 215 à 217 du catalogue de 1873.

68. — David vainqueur de Goliath. Statue en marbre, par Francheville. N° 63 du catalogue de 1873.

69. — Les Grâces. Groupe en marbre, par Germain Pilon. N° 112 du catalogue de 1873.

70. — Colonne d'Anne de Montmorency. Marbre, par B. Prieur. N°s 138 à 142 du catalogue de 1873.

71. — La Justice. Statue en marbre, par F. Anguier. Fragment du monument des ducs de Longueville. N°s 178 à 190 du catalogue de 1873.

72. — Cheminée. « La cheminée qui fait un des principaux ornemens de cette salle est remarquable par la richesse de ses détails et de ses arabesques, d'un beau travail, où l'on retrouve le goût d'ornemens du temps de François Ier et de Henri II. Elle est composée de divers fragments raccordés par M. Fontaine dans un ensemble bien combiné et qui offre un bel accord avec l'architécture qui l'accompagne. Dans le bas-relief supérieur, saint Georges, armé de toutes pièces, la visière haute, monté sur un vigoureux coursier, combat et perce de sa lance un énorme dragon, etc. » C'est le bas-relief de Michel Colombe, aujourd'hui dans la salle qui porte son nom. N° 84 du catalogue de 1873. Les parties modernes exécutées sur les ordres de Fontaine ont été éliminées et les fragments de la décoration en marbre provenant du château de Gaillon

et sortant des ateliers franco-italiens employés par le cardinal d'Amboise ont été placés en 1889 près d'une des fenêtres de la salle actuelle de Michel Colombe.

73. — « Le bas-relief inférieur représente Jésus-Christ prêt à être mis au tombeau. Il est en pierre de liais et sculpté par Jean Goujon. » C'est le n° 92 du catalogue de 1873.

74. — La Tempérance. Statue en marbre par F. Anguier. Fragment du monument des ducs de Longueville. N°s 178 à 190 du catalogue de 1873.

75. — Homère. Statue en marbre, par Roland. N° 307 du catalogue de 1873.

76. — La Force. Statue en marbre, par F. Anguier. Fragment du monument des ducs de Longueville. N°s 178 à 190 du catalogue de 1873.

SALLE DU PUGET

77. — Milon de Crotone. Groupe en

marbre, par P. Puget. N° 203 du catalogue de 1873 [1].

78. — L'Amour et Psyché. Groupe en marbre, par Canova. N° 383 du catalogue de 1873.

79. — La Paix. Statue en bronze, par Barthélemy Prieur. Fragment du mausolée du connétable Anne de Montmorency. Nos 138 à 142 du catalogue de 1873.

1. Voici comment cette sculpture du parc de Versailles était arrivée à Paris :

Lettre de M. de Pradel, Directeur général de la Maison du Roi, à M. de Forbin.

« Paris, le 3 mars 1819. — J'apprécie parfaitement, M. le comte, les réflexions que vous m'avez adressées relativement aux mesures nécessaires à la conservation du Milon de Crotone qui orne un des angles du tapis vert à Versailles. Je vous autorise, ainsi que vous le désirez, à faire transporter cette statue dans le pavillon de Beauvais et à me proposer le paiement des frais de ce transport que vous évaluez à trois mille francs. — Le Directeur général ayant le portefeuille. Cte DE PRADEL. »

80. — Buffon. Buste en marbre par Pajou. N° 283 du catalogue de 1873.

81. — Une nymphe. Bas-relief en pierre, par J. Goujon. N° 98 du catalogne de 1873.

82. — Jean-Auguste de Thou (sic), par F. Anguier. N° 149 du catalogne de 1873, appelé aujourd'hui Christophe de Thou.

83. — Peiresc. Buste en marbre blanc, par Francin fils. N° 282 du catalogue de 1873.

84. — Voltaire. Buste en marbre blanc, par Houdon. N° 482 du catalogue du Musée de Versailles.

85. — Obélisque du Monument de Henri de Longueville. Marbre par F. Anguier. Nos 178 à 190 du catalogue de 1873.

86. — Gluck. Buste en marbre, par Francin. Au musée du Louvre; non porté au catalogue des sculptures modernes.

87. — Vien. Buste en marbre, par Mlle J. Charpentier. Gravé dans Clarac, pl. 1125, n° 3596.

88. — Le Maréchal de Saxe. Buste en marbre par Pigalle. N° 271 du catalogue de 1873.

89. — L'Amiral Coligny. Buste en marbre blanc par J. Goujon. N° 101 du catalogue de 1873, sous le nom rectifié de Henri II.

90. — Colbert. Buste en marbre, par M. Anguier. N° 194 du catalogue de 1873.

91. — Nymphe. Bas-relief en pierre, par J. Goujon. N° 97 du catalogue de 1873.

92. — L'Abondance. Statue en bronze, par B. Prieur. Fragment du mausolée du Connétable Anne de Montmorency. N°s 138 à 142 du catalogue de 1873.

93. — La Justice. Statue de bronze, par B. Prieur, comme ci-dessus.

94. — Triton et Néréïde. Bas-relief en pierre, par J. Goujon. N° 99 du catalogue de 1873.

Clarac, dans le tome Ier de son Atlas *du Musée de sculpture antique et moderne*, a publié quatre planches (n°s 100, 101, 102 et 103) qui représentent les salles de Jean Goujon et de Germain Pilon (aujourd'hui celles de Puget et de Houdon) et qui nous les montrent telles

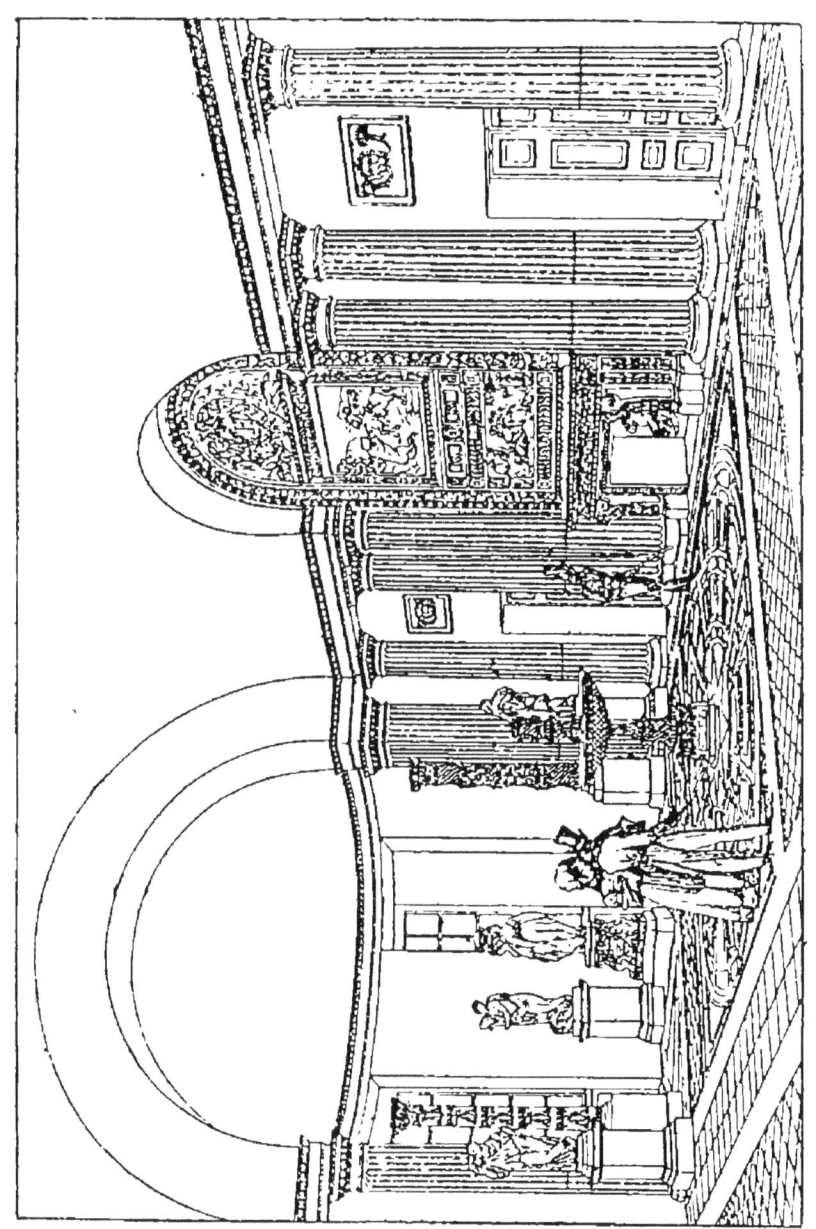

Galerie d'Angoulême. Salle de Germain Pilon en 1824, d'après Clarac.

qu'elles étaient disposées à partir de 1824.

Quatre-vingt-quatorze monuments avaient trouvé au Louvre l'hospitalité dont, presque tous, ils étaient dignes. Ceux-là étaient sauvés. Mais leurs malheureux compagnons, oubliés rue Bonaparte, étaient pour longtemps condamnés à l'abandon et au mépris. Si nous traversons la Seine, nous assisterons au spectacle horrible que présentait alors l'École des Beaux-Arts. M. le baron de Guilhermy, après en avoir été un témoin attristé, nous en a conservé une vive peinture : « Au lieu de réunir, sous un abri commun, les sculptures qui n'étaient pas appelées à reprendre leurs anciennes places, l'architecte, alors chargé des travaux de la nouvelle École des Beaux-Arts, fit jeter hors des salles et entasser en plein air, dans une cour humide, une énorme quantité de statues et de bas-reliefs, qui demeurèrent ainsi exposés à toutes les intempéries du ciel jusqu'à l'époque de la création des galeries de Versailles, c'est-à-dire pendant près d'un quart de siècle. J'avais quatorze ou quinze ans, quand un jour, mon père, qui portait un grand amour aux monuments de notre histoire nationale, me conduisit dans les cours désolées des Petits-Augustins. Il me semble voir encore le sol tout jonché de débris de sculptures coloriées, de bustes de marbre empilés comme des bûches les uns sur les autres, de fragments de faïences, de pavés historiés et de vitraux dispersés de tous côtés; les sculptures les plus délicates de Gaillon étaient rangées comme des moëllons. Je considérais de loin, avec une singulière curiosité, à travers les fentes des palissades, de grandes figures agenouillées, revêtues de manteaux fleurdelisés, que j'ai reconnues depuis à Versailles. Ce triste spectacle ne s'est point effacé de ma mémoire. Les monuments ainsi traités subirent d'irréparables dégradations, dont les traces ne sont encore que trop apparentes sur ceux qui ont survécu à tant de vicissitudes[1]. »

[1]. *Annales archéologiques*, tome XII, page 18; et *Alexandre Lenoir, son Journal* et *le Musée des Monuments français*, tome II, passim.

II

LE MUSÉE DE VERSAILLES

Le long effort pour créer au Louvre une collection de sculptures modernes, qui venait d'aboutir à l'organisation de la galerie d'Angoulême, ne devait pas être continué immédiatement. En vain l'achat de la collection Durand[1], en 1824, et celui de la collection Revoil[2], en 1828, étaient-

---

[1]. Voyez mes mémoires sur les collections Durand et Revoil. *La collection Durand et ses séries du moyen âge et de la Renaissance au Musée du Louvre.* Caen, 1888, in-8°.

[2]. *La collection Revoil du Musée du Louvre.* Caen, 1886, in-8°.

ils venus grossir le noyau de nos collections publiques du moyen âge et de la Renaissance. La galerie d'Angoulême compta à peine six années de prospérité. La pensée qui lui avait donné naissance disparut, en 1830, avec le gouvernement de la Restauration. La nouvelle dynastie, par son zèle pour les études historiques et par son enthousiasme exclusif pour les collections du Musée de Versailles, négligea complètement les intérêts de l'art dans la question du Musée de la sculpture moderne. A partir de la Révolution de juillet, non seulement on ne s'occupa pas de développer la galerie d'Angoulême par l'adjonction de monuments nouveaux, mais encore on ne cessa d'appauvrir le Louvre. Au point de vue spécial des objets d'art de la Renaissance et des temps modernes, le Musée National de la capitale fut réduit au rôle d'annexe du Musée de Versailles. Tout ce qu'on put tirer de l'École des Beaux-Arts fut donné à ce dernier. Les médailles de la collection Révoil elles-mêmes furent empruntées au Louvre par son jeune et puissant rival, et, petit à petit, on déménagea furtivement le palais parisien au profit du château de Louis XIV et de ses collections historiques. Sous le règne de Louis Philippe l'histoire du département de la sculpture du moyen âge et de la Renaissance et des temps modernes se confond donc absolument avec l'histoire du Musée de Versailles.

On lit dans la *Notice historique des peintures et des sculptures du Palais de Versailles*. Paris, 1837, in-8°, p. vii :

« Le Roi donna l'ordre de rechercher dans les dépôts de la couronne et dans les résidences royales, toutes les peintures, bustes ou bas-reliefs représentant des faits ou des personnages célèbres de nos annales, en même temps que tous les objets d'art qui offriraient un caractère historique. Des ouvrages, la plupart remarquables, oubliés depuis longtemps dans les magasins du Louvre et dans les greniers des Gobelins, furent tirés de la poussière; d'autres, dispersés dans divers palais, furent réunis à Versailles : On mit enfin le même soin à recueillir tout ce qui avait été produit par la peinture et par la sculpture modernes. »

Les Musées royaux faisaient partie de la liste civile et relevaient exclusivement de la maison du Roi. Il en résultait qu'ils dépendaient uniquement de l'impulsion donnée par un souverain qui n'eut guère d'autre préoccupation en fait d'art que la fondation du Musée de Versailles. Les contemporains s'en aperçurent facilement, et quelques-unes de leurs observations et de leurs réclamations nous ont été conservées. On lit dans le *Cabinet de l'Amateur*, première série, 1843, tome II, p. 388 :

« La tenue, la conservation des collections, la libéralité avec laquelle elles sont livrées à l'étude ne sauraient être l'objet d'un reproche; mais la vie, l'activité existent-elles bien également dans les parties de ce vaste établissement du Louvre? La liste civile peut-elle se défendre d'agir comme un particulier, se préserver de certains engouements ou de certaines nonchalances? L'ancienne administration, tout en faisant l'acquisition des cabinets Durand, Salt, Drovetti, et en fondant le Musée Égyptien, laissait échapper les marbres d'Égine et les frises du temple de Phigalie qui lui étaient offerts. Un ministre aurait-il marchandé de pareils monuments qui suffisent seuls à l'illustration des Musées de Munich et de Londres? — Aujourd'hui une seule pensée semble préoccuper la liste civile, compléter Versailles ; Raphaël et Phidias frapperaient en vain aux portes du Louvre. Qui pourrait s'en plaindre ? Le Musée de Versailles n'est-il pas un admirable monument élevé à toutes les gloires de la France ? Cette préoccupation louable laisse en souffrance bien des parties de nos collections qui demeurent incomplètes ; mais, quelles que soient les ressources de la liste civile, elle ne saurait suffire à tout. Si les Musées appartenaient à l'État, il n'en serait pas ainsi ; les ressources d'un Ministre sont sans bornes : il puise dans la fortune publique, qui sait ne reculer devant aucun des sacrifices qu'exige l'intérêt général.

« Jusqu'à présent on ne semble pas avoir pensé que des collections, où seraient classés méthodiquement les monuments de l'histoire et de l'art, sont, pour le moins, aussi nécessaires que des cabinets de minéraux, de reptiles ou d'animaux articulés, et ne mériteraient pas moins qu'eux toute la sollicitude du pouvoir. Tout est encore à faire sous ce rapport, et cette anomalie, que nous signalons en passant, mériterait un examen sérieux. Il y a nécessité absolue de comprendre les musées proprement dits parmi les collections scientifiques : et, si un pareil état de choses ne nous semble pas près de cesser, nous n'en devons pas moins appeler de tous nos vœux un régime meilleur. »

Mais, avant d'indiquer quel fut l'état de la sculpture moderne à Versailles pendant la monarchie de juillet, il importe de constater que le Palais, ainsi que son annexe de Trianon, formait depuis longtemps un musée public. Sous la Révolution, le château, dont malheureusement le merveilleux mobilier fut vendu à vil prix, avait servi d'asile aux objets d'art réservés par les commissaires de la République dans le district de Versailles. Puis on y avait installé un musée de l'École française ouvert en l'an X. Un catalogue en fut publié. Ce Musée dura pendant toute la République et tout l'Empire. De nombreuses sculptures en firent partie. Voici celles qui s'y trouvaient à la fin de la Restauration.

État des sculptures en marbre, groupes, figures, bustes et bas-reliefs placés dans les dépôts de Versailles, aux palais de Trianon et autres lieux.

Adam aîné. — Neptune calmant les flots. — Groupe, h. 0^{m}86. Dans les dépôts.

Adam jeune. — Prométhée attaché au rocher. — Groupe, h. 0^{m}07. Dans les dépôts.

Barrois. — Cléopâtre mourante. — Figure. Dans les dépôts.

Blaise. — Phocion, général athénien. — Figure assise, 1^{m}62. Dans les dépôts.

Bouchardon. — L'Amour façonnant un

arc. — Figure. Plâtre moulé sur l'original, 1m67. Dans les dépôts.

Bouchardon. — Le Christ portant sa croix. — Figure, 0m86. Petit Trianon.

Boursault (sic). — Ulysse tendant l'arc dont Pénélope doit être le prix. — Figure. 0m86. Dans les dépôts.

Buirette. — L'union de la peinture et de la sculpture. — Bas-relief, 0m92. Dans les dépôts.

Caffiery. — Un fleuve appuyé sur son urne. — (Figure, la jambe gauche cassée), 0m65. Dans les dépôts.

Cayot. — Didon sur le bûcher. — Figure, 0m89. Dans les dépôts.

Challe. — Une Nayade. — Figure, 0m81. Dans les dépôts.

Charpentier. — Méléagre. — Groupe, 0m97. Dans les dépôts.

Chaudet. — L'Amour présentant le Plaisir à l'Ame. — Figure en plâtre, 0m81. Dans les dépôts.

Coudray. — Saint-Sébastien. — 0m89. Petit Trianon.

Coustou, fils. — Vulcain. — Figure, 0m75. Dans les dépôts.

Coustou, jeune. — Hercule sur le bûcher. — Figure, 0m86. Dans les dépôts.

Coyzevox. — Charles-Antoine Coyzevox, sculpteur. — Buste, 0m67. Envoyé à Paris, le 17 mars 1824.

Coyzevox. — Un médaillon en marbre de forme ronde représentant Louis XIV encadré d'une bordure dorée. — 0m75. A l'Hôtel de Ville.

Demouchy. — Un berger. — Figure, 0m65. Dans les dépôts.

Desjardins. — Hercule couronné par la Gloire. — Bas-relief, h. 0m81, larg. 0m73. Dans les dépôts.

D'Huez. — Le martyre de saint André. — Figure, 0m81. Dans les dépôts.

Dumont. — Titan foudroyé. — Figure, 0m86. Dans les dépôts.

Dumont, fils. — Milon de Crotone. — Figure, 0m81. Dans les dépôts.

Espercieux. — La Paix. — Figure assise, plâtre, 1m78. Dans les dépôts.

Falconet. — Milon de Crotone. — Groupe, 0m70. Dans les dépôts.

Falconet. — Une baigneuse. — 0m65. Grand Trianon.

Flamand (sic), fils. — Plutus, dieu des richesses. — Figure, 0m65. Dans les dépôts.

Francin. — Jésus-Christ à la colonne. — Figure, 0m65. Dans les dépôts.

Gillet. — Le berger Pâris. — 0m83. Grand Trianon.

Hardi. — La Religion qui terrasse l'Idolàtrie. — Bas-relief, 0m86-0m75. Dans les dépôts.

Hutin. — Le nocher Caron. — Figure, 0m75. Dans les dépôts.

Hutin. — Le Temps qui découvre la Vérité et l'Amour des Arts. — Bas-relief, h. 0m83, l. 0,65. Dans les dépôts.

Julien. — Le Gladiateur mourant. — Figure, copie d'après l'Antique, 0m97. Dans les dépôts.

Julien. — Cléopâtre mourante. — Figure, copie d'après l'Antique, 0m56. Grand Trianon.

Ladate. — Judith tenant la tête d'Holopherne. — Figure, 0,89. Dans les dépôts.

Le Lorrain. — Galathée. — Figure, remise à M. Maréchal, le 10 octobre 1819.

Lemoine (oncle). — Hippolyte renversé de son char. — Figure, $0^m 81$. Dans les dépôts.

Lemoine. — Louis XV. — Buste en bronze, $0^m 42$. Dans les dépôts.

Lorta. — Une jeune bergère regardant deux colombes qui se becquètent (terre cuite). — $0^m 35$.

Lorta. — Un berger regardant cette bergère (terre cuite). — $0^m 35$. Pendants sous leurs cages de verre. Petit Trianon.

Pajou. — La comtesse du Barry. — Buste, $0^m 70$. Dans les dépôts.

Pajou. — Louis XVI. — Buste, $0^m 75$. A l'Hôtel de Ville.

Poirier. — L'Alliance de la Peinture et de la Sculpture. — Bas-relief, $0^m 81$-$0^m 75$. Dans les dépôts.

Roëttiers. — Portrait de Louis XV, en

plâtre, ovale avec bordure. — 0m75, l. 0m56. Dans les dépôts.

Sally. — Un Faune tenant une biche. — Remis à M. Maréchal, le 24 novembre 1821.

Slodtz (Paul). — La chute d'Icare. — Figure, 0m70.

Thierry. — Léda. — Groupe, 0m81. Dans les dépôts.

Van Clève. — Polyphème assis sur un rocher. — Figure, 0m89. Dans les dépôts.

Vassé. — Un berger endormi. — Figure, 0m81. Dans les dépôts.

Vassé. — L'Amour tenant son arc. — Figure, 0m61. Grand Trianon.

Vinache. — Hercule enchaîné par l'Amour. — Groupe, 0m75. Dans les dépôts.

Inconnu. — Hercule (mutilé). — Groupe en terre cuite, 1m02. Dans les dépôts.

Inconnu. — Henri IV et Sully. — Groupe, en biscuit de Sèvres, 0m27. Dans les dépôts.

Inconnu. — Trois figures représentant une offrande. — Groupe en bronze, 0m40. Dans les dépôts.

Inconnu. — Frédéric, roi de Prusse, à cheval. — Biscuit de Sèvres, 0m53. Dans les dépôts.

Inconnu. — Un modèle en bois des Bains d'Apollon sous le règne de Louis XIV (mutilé). — 0m40. Dans les dépôts.

Inconnu. — Trois petits enfants avec pieds de satyres en cuivre sur un pied de candélabre. — 0m16. Dans les dépôts.

Inconnu. — L'Amour endormi. — Figure, 0m65. Dans les dépôts.

Inconnu. — Vénus de Médicis. — Figure, copie, 0m81. Dans les dépôts.

Inconnu. — Le Lantin. — Figure, copie, 0m73. Dans les dépôts.

Inconnu. — Le satyre Marsyas attaché à un arbre (terre cuite). — 0m65. Dans les dépôts.

Inconnu. — Une torchère (le haut de la torche cassé). — Plâtre, 1m13. Dans les dépôts.

Inconnu. — Le Roi de Pologne. — Figure en biscuit, 0m56. Dans les dépôts.

Inconnu. — Louis XV. — Figure en terre cuite, 0m53. Dans les dépôts.

Inconnu. — L'Hiver. — Figure en terre cuite, 0m56. Dans les dépôts.

Inconnu. — Apollon présentant à la France le médaillon de Louis XIV. — Bas-relief, 0m92-0m75. Dans les dépôts.

Inconnu. — La Muse de l'histoire écrivant la vie de Louis XIV. — Bas-relief, 0m92-0m75. Dans les dépôts.

Inconnu. — L'Adoration des Bergers. — Bas-relief de forme ronde, 0m65-0m56. Dans les dépôts.

Inconnu. — Le Christ mort, accompagné de la Vierge. — Bas-relief, de forme ronde, 0m56-0m53. Dans les dépôts.

Inconnu. — Sujet allégorique au génie des Arts. — Bas-relief, de forme ronde, 0m56-0m61. Dans les dépôts.

Inconnu. — Dédale et Icare. — Bas-relief ovale renversé, 0m65-0m97. Dans les dépôts.

Inconnu. — Hercule enchaînant Cerbère. — Bas-relief ovale renversé, 0m97-0m65. Dans les dépôts.

Inconnu. — Omphale coiffée d'une peau de lion et portant la massue d'Hercule. —

Bas-relief ovale, 0m94-0m61. Dans les dépôts.

Inconnu. — Une baigneuse. — Bas-relief ovale, 0m70-0m53. Dans les dépôts.

Inconnu. — Un petit enfant qui court. — Bas-relief ovale, 0m27-024. Dans les dépôts.

Inconnu. — Saint-Jean évangéliste écrivant. — Bas-relief carré, 0m89-0m67. Dans les dépôts.

Inconnu. — Portrait de Marie-Antoinette, reine de France. — Bas-relief ovale, 0m53-0m40. Dans les dépôts.

Inconnu. — Le Départ de N.-S. pour Jérusalem. — Bas-relief ovale en cuivre, 0m-37-0m27. Dans les dépôts.

Inconnu. — L'entrée de N.-S. dans Jérusalem. — Bas-relief ovale en cuivre, 0m37-0m27. Dans les dépôts.

Inconnu. — La Pâques. — Bas-relief ovale en cuivre, 0m37-0m27. Dans les dépôts.

Inconnu. — Apollon sur son char. — Bas-relief en cuivre, 0m21-0m24. Dans les dépôts.

Inconnu. — Portrait de Louis XV (plâtre

ovale, avec bordure). — 0ᵐ53-0ᵐ42. Dans les dépôts.

Inconnu. — Une tête de Méduse. — Bas-relief en plâtre rond, 0ᵐ48-0ᵐ48. Dans les dépôts.

Inconnu. — Un char en forme de coquille tiré par trois chevaux marins en cuivre, petit modèle, 0ᵐ16-0ᵐ10. Dans les dépôts.

Inconnu. — Louis XVI. — Buste, 0ᵐ75. Dans les dépôts.

Inconnu. — Louis XVI. — Buste en biscuit, 0ᵐ67. Dans les dépôts.

Inconnu. — Louis XVI. — Buste en biscuit, 0ᵐ81. Dans les dépôts.

Inconnu. — Marie-Antoinette. — Buste en biscuit 0ᵐ67. Dans les dépôts.

Inconnu. — S. A. R. Monsieur, aujourd'hui Louis XVIII. — Buste en biscuit, 0ᵐ61. Dans les dépôts.

Inconnu. — Marie Leczinska. — Buste en fayence, 0ᵐ50. Dans les dépôts.

Inconnu. — La duchesse de Bourgogne en Diane. — Buste, 0ᵐ75. Dans les dépôts.

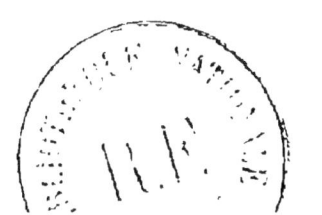

Inconnu. — Joseph II. — Buste, 0^m86. Dans les dépôts.

Inconnu. — Buste présumé être le comte de Tessé. — Terre cuite, 0^m67. Dans les dépôts.

Inconnu. — Un jeune enfant. — Terre cuite, 0^m48. Dans les dépôts.

Inconnu. — Alexandre mourant. — Buste, 0^m83. Dans les dépôts.

Inconnu. — Cléopâtre mourante. — Buste, 0^m73. Dans les dépôts.

Inconnu. — Silène. — Buste, 0^m83. Dans les dépôts.

Inconnu. — Bacchus. — Buste, 0^m65. Dans les dépôts.

Inconnu. — Buste de femme couronnée de lierre. — Buste, 0^m78. Dans les dépôts.

Inconnu. — Buste de femme inconnue revêtue d'un manteau avec fleurs de lis. — 0^m73. Dans les dépôts.

Inconnu. — Buste d'homme romain drapé en marbre gris, 0^m83. Dans les dépôts.

Inconnu. — Buste d'un guerrier ayant un casque surmonté d'un dragon ailé en cuivre, 0^m73. Dans les dépôts.

Inconnu. — Buste d'un guerrier avec casque surmonté d'un coq en cuivre, 1^{m}15. Dans les dépôts.

Inconnu. — Buste de femme inconnue. — 0^{m}81. Dans les dépôts.

Inconnu. — Buste d'homme inconnu décoré de l'ordre du Saint-Esprit. — Plâtre, 0^{m}61. Dans les dépôts.

Inconnu. — Buste d'adolescent, mutilé, 0^{m}59. Dans les dépôts.

Inconnu. — Buste de femme inconnue, 0^{m}53. Dans les dépôts.

Inconnu. — Une tête d'enfant, 0^{m}21. Dans les dépôts.

Inconnu. — Une tête d'enfant, 0^{m}21. Dans les dépôts.

Inconnu. — Une tête d'enfant dont le dessus manque, 0^{m}21. Dans les dépôts.

Inconnu. — L'union de Louis XVI et de Marie-Antoinette. — Groupe en biscuit, 0^{m}42. Dans les dépôts.

Inconnu. — Henri IV et Sully, sur son socle. — (Groupe de), 0^{m}34. Dans les dépôts.

Inconnu. — Vénus et l'Amour. — Groupe de terre cuite, 0^{m}40. Dans les dépôts.

Inconnu. — Louis XV. — Buste en biscuit de Sèvres, 0^{m}34. Dans les dépôts.

Inconnu. — Marie-Antoinette, reine de France. — Buste en biscuit de Sèvres, 0^{m}40. Dans les dépôts.

Inconnu. — Marie-Antoinette, reine de France. — Buste en biscuit de Sèvres, 0^{m}42. Dans les dépôts.

Inconnu. — Un médaillon en marbre, avec guirlande de fleurs, surmonté d'un nœud de ruban, représentant Marie-Antoinette, 0^{m}32. Dans les dépôts.

Inconnu. — Un médaillon en marbre avec guirlande de fleurs, représentant S. A. R. Monsieur, comte de Provence, sur son socle en bois doré, 0^{m}32. Dans les dépôts.

Inconnu. — Une tête de femme romaine ayant le menton couvert d'un voile, 0^{m}61. Grand Trianon.

Inconnu. — Un œuf d'autruche faisant vase, dont la surface peinte à l'huile, représentant des sujets chinois; ledit œuf monté sur un ouvrage de tour en ivoire, fait par Mme Adélaïde de France, tante de Louis XVIII, 0^m42. Petit Trianon.

Inconnu. — Un œuf en ivoire, fait par Mme Adélaïde de France, tante de Louis XVIII. Petit Trianon.

Inconnu. — Un portrait de Louis XVI. — Buste demi-nature, 0^m42. Petit Trianon.

Inconnu. — Un bas-relief de forme ronde représentant une jeune fille qui trait une chèvre, dans sa bordure dorée avec verre, 0^m40. Petit Trianon.

Inconnu. — Un vase en marbre, avec bas-relief, 0^m65. Petit Trianon.

Inconnu. — Un buste de femme en marbre blanc, de proportion colossale, avec son piédestal aussi en marbre blanc, 1^m. Petit Trianon.

Inconnu. — Un buste de Louis XV, en marbre blanc, 0^m42. Chez MM. les Pages.

Inconnu. — Une petite figure en marbre représentant l'Amour glaneur sur son socle en bois, 0^m48. Chez M. le Gouverneur.

Inconnu. — Un buste en marbre de Louis XV, 0^m75. A l'Hôtel de Ville.

Inconnu. — Un buste en marbre de M. le comte de Provence, 0^m75. A l'Hôtel de Ville.

Le noyau de collection que la monarchie de juillet trouvait constitué à Versailles disparut bientôt sous le flot des apports nouveaux. Voici un résumé des nombreux et continuels envois qui furent adressés de Paris et de Saint-Denis. Versailles était le but unique vers lequel convergeaient tous les efforts.

OBJETS DE SCULPTURE ENVOYÉS A VERSAILLES

STATUES A GENOUX

389 LP. 437 PA. — Inconnu. — Pierre d'Orgemont, chancelier de France. Pierre.

390 LP. 82 PA. — Inconnu. — Juvenal des Ursins. Pierre.

391 LP. 82 PA. — Inconnu. — Michelle de Vitry. Pierre.

392. LP. 93 PA. — Inconnu. — Philippe de Comines. Pierre.

414 LP. 191 PA. — Inconnu. — Isabelle Bureau, femme de Jacques Cœur. Marbre.

685 LP. — Inconnu. — Anne de Bretagne, femme de Louis XII. Plâtre.

684 LP. — Inconnu. — Louis XII. Plâtre.

678 LP. — Inconnu. — Claude de France, femme de François Ier. Plâtre.

681 LP. — Inconnu. — Charlotte de France, fille de François Ier. Plâtre.

394 LP. 447 PA. — Inconnu. — Villiers de l'Isle Adam. Albâtre.

393 LP. 168 PA. — Inconnu. — Montmorency (Guillaume de). Albâtre.

679 LP. — D'après Bontems. — François dauphin fils de François Ier. Plâtre.

680 LP. — D'après Bontems. — Charles, duc d'Orléans, deuxième fils du même. Plâtre.

677 LP. — D'après Bontems. — François Ier, roi de France. Plâtre.

682. — Germain Pilon. — Henri II, roi de France. Plâtre.

1102. LP. — Inconnu. — Escoubleau (Jean d'), seigneur de Jouy + 1569. Marbre.

1103 LP. — Inconnu. — Brives (Antoinette de), sa femme. Marbre.

395 LP. 541 PA. — Inconnu. — L'Hôpital. Marbre.

396 LP. 108 PA. — Germain Pilon. — René Birague, chancelier de France. Bronze.

398 LP. 110 PA. — Inconnu. — Catherine de Nogaret de La Valette. Marbre.

356 LP. — Inconnu. — Henri, duc de Lorraine, dit le Balafré. Plâtre.

683 LP. — Germain Pilon. — Catherine de Médicis. Plâtre.

405 LP. 165 PA. — François Anguier. — Marie Barbanson de Cany. Marbre.

399 LP. 114 PA. — Inconnu. — Albert de Gondi, duc de Retz, + 1602. Marbre.

400 LP. 115 PA. — Prieur. — Claude de Catherine de Clermont Tonnerre. Marbre.

401 LP. 164 PA. — Inconnu. — Claude de l'Aubespine. Marbre.

406 LP. 165 PA. — François Anguier. — Gasparde de la Châtre. Marbre.

403 LP. 117 PA. — Inconnu. — Pierre de Gondi, archev. de Paris. Marbre.

404 LP. 165 PA. — François Anguier. — De Thou. Marbre.

407 LP. 171 PA. — Inconnu. — Raymond Phelippeaux. Marbre.

408 LP. 170 PA. — Inconnu. — Charlotte, Catherine de la Tremouille. Marbre.

357 LP. — Inconnu. — Catherine de Clèves, duchesse de Guise. Plâtre.

402 LP. — Inconnu. — Louis XIII, roi de France. Marbre.

410 LP. 176 PA. — Inconnu. — Louis Potier, Mis de Gesvre, duc de Tresme. Marbre.

409 LP. 173 PA. — Bou[r]din. — Amador de La Porte. Marbre.

411 LP. 179 PA. — Inconnu. — Marguerite de Luxembourg, duchesse de Tresme. Marbre.

412 LP. 185 PA. — Gilles Guerin. — Duc de la Vieuville. Marbre.

413 LP. 185 PA. — Lespingola. — Marie Bouhier, duchesse de la Vieuville. Marbre.

1166 LP. — Inconnu. — Vitry (duc de) † 1644. Marbre.

1167 LP. — Inconnu. — Vitry (Lucrèce Marie, duchesse de), † 1666. Marbre.

416 LP. 192 PA. — Coyzevox. — René Potier, duc de Tresmes. Marbre.

452 LP. — Coyzevox. — Louis XIV réalisant le vœu de son père. Marbre.

STATUES COUCHÉES

417 LP. 39 PA. — Inconnu. — Philippe IV dit le Bel. Plâtre.

419 LP. 40 PA. — Inconnu. — Louis X dit le Hutin. Plâtre.

420 LP. 29 PA. — Inconnu. — Robert de France, comte de Clermont. Plâtre.

418 LP. 43 PA. — Inconnu. — Louis de France, comte d'Évreux. Plâtre.

421 LP. 45 PA. — Inconnu. — Philippe V, roi de France. Plâtre.

425 LP. 16 PA. — Inconnu. — Charles d'Alençon. Plâtre.

422 LP. 47 PA. — Inconnu. — Charles IV dit le Bel. Plâtre.

424 LP. 48 PA. — Inconnu. — Charles d'Estampes, petit-fils de Philippe III. Plâtre.

430 LP. 54 PA. — Inconnu. — Charles de Valois, comte d'Alençon. Plâtre.

439 LP. 50 PA. — Inconnu. — Chanac (Guillaume de), évêq. de Paris. Marbre.

423 LP. 52 PA. — Inconnu. — Philippe VI dit de Valois. Plâtre.

428 LP. 90 PA. — Inconnu. — Pierre, duc de Bourbon. Plâtre.

426 LP. 53 PA. — Inconnu. — Jean II dit le Bon. Plâtre.

440 LP. ... PA. — Inconnu. — Le même. Pierre.

429 LP. 60 PA. — Inconnu. — Charles V dit le Sage. Plâtre.

431. LP. 50 PA. — Inconnu. — Du Guesclin (Bertrand). Plâtre.

432 LP. 56 PA. — Inconnu. — Jean de Dormans, évêq. de Beauvais. Pierre de liais.

433 LP. ... PA. — Inconnu. — Deux autres statues de la famille de Dormans.

435 LP. 65 PA. — Inconnu. — Léon de Lusignan. Plâtre.

438 LP. ... PA. — Inconnu. — Pierre d'Orgemont. Plâtre.

436 LP. 67 PA. — Inconnu. — Nicolas de Braqne. Plâtre.

437 LP. 38 PA. — Inconnu. — Louis de Sancerre. Plâtre.

441 LP. 79 PA. — Inconnu. — Pierre de Navarre. Marbre.

442 LP. 83 PA. — Inconnu. — Jeanne de Bourgogne, duchesse de Bedford. Marbre.

448 LP. 79 PA. — Inconnu. — Catherine d'Alençon. Marbre.

443 LP. 96 PA. — Inconnu. — Louis de Poncher. Albâtre.

444 LP. 96 PA. — Inconnu. — Robine Legendre. Albâtre.

445 LP. 450 PA. — Prieur. — Montmorency (Anne de). Marbre.

397 LP. 108 PA. — Germain Pilon. — Balbiano (Valentine). Marbre.

446 LP. 450 PA. — Prieur. — Madeleine de Savoie. Marbre.

447 LP. 183 PA. — Michel Anguier. — Henri de Chabot, groupe. Marbre.

449 LP. 93 PA. — Inconnu. — Hélène de Chambes. Pierre.

1124 LP. — Inconnu. — Antoine-Philippe d'Orléans, duc de Montpensier, † 1807, statue couchée. Plâtre.

Statues assises.

450 LP. 275 PA. — Beauvallet. — Sully (le duc de). Plâtre.

550 LP. 191 PA. — François Anguier. — Souvré de Courtenvaux. Marbre.

1106 LP. — Milhomme. — Hoche (le général) et quatre bas-reliefs du monument. Marbre.

Statues en pied.

1161 LP. — Inconnu. — Clovis Ier, roi de France. Plâtre.

1162 LP. — Inconnu. — Clotilde, reine de France. Plâtre.

1186 LP. — Du Seigneur. — Dagobert Ier. Modèle à l'Exposition. Plâtre.

1164 LP. — Inconnu. — Louis III, roi de France. Plâtre.

1171 LP. — Inconnu. — Louis VII, roi de France. Plâtre.

1170 LP. — Inconnu. — Louis VI, dit le Gros. Plâtre.

1169 LP. — Inconnu. — Henri Ier, roi de France. Plâtre.

1168 LP. — Inconnu. — Robert le Pieux, roi de France. Plâtre.

1126 LP. — Inconnu. — Pépin, dit le Bref, roi de France. Plâtre.

1163 LP. — Inconnu. — Carloman, roi de France. Plâtre.

1125 LP. — Inconnu. — Eudes, roi de France. Plâtre.

1185 LP. — Bra. — Jean, sire de Joinville, à l'Exposition. Plâtre.

1855 AC. — Foucou. — Du Guesclin, à l'Exposition. Marbre.

Seurre jeune. — Charles VII, commandé. Plâtre.

Seurre jeune. — Gaston de Foix, duc de Nemours, commandé. Marbre.

Nanteuil. — Charlemagne, commandé. Plâtre.

1596 AC. — De Mugiano. — Louis XII. Albâtre.

Raggi. — Hugues Capet, commandé. Marbre.

Foyatier. — L'abbé Suger, commandé. Marbre.

De Bay père. — Charles Martel, commandé. Plâtre.

1768 AC. — Bridan père. — Bayard. Marbre.

Cortot. — Philippe-Auguste, commandé. Marbre.

Valois. — Charles V, commandé, Plâtre.

1066 LP. — Inconnu. — Marie de Bourbon. Plâtre.

Seurre ainé. — Louis IX, commandé. Plâtre.

1095 LP. — Dumont fils. — François Ier. Plâtre.

Id. — Le même, commandé. Marbre.

Etex. — Blanche de Castille, commandé. Marbre.

1090 LP. — D'après Gois père. — L'Hôpital (le chevalier Michel de). Plâtre.

Tanneguy Du Chatel sauvant le Dauphin. Groupe, commandé. Marbre.

451 LP. — Inconnu. — Henri IV, roi de France. Plâtre.

997 LP. — D'après Monchy. — Le duc de Sully, commandé. Plâtre.

Duret. — Le cardinal de Richelieu, commandé. Marbre.

345 LP. — Guillain (d'après). — Louis XIII. Plâtre

1000 LP. — Pajou (d'après). — René Descartes. Plâtre.

676 LP. — Guillain (d'après). — Anne d'Autriche. Plâtre.

2067 — Pajou. — Turenne. Marbre.

2087. — Roland. — Condé. Marbre.

2069. — Monnot. — Duquesne. Marbre.

2064. — Monchy. — Luxembourg. Marbre.

1876. — Houdon. — Tourville. Marbre.

998 LP. — Pajou (d'après). — Bossuet. Plâtre.

1769. — Bridan père. — Vauban. Marbre.

1817. — Coyzevox. — La duchesse de Bourgogne en Diane. Marbre.

Seurre. — Le duc de Vendôme, commandé. Marbre.

1830. — Dejoux. — Nicolas Catinat. Marbre.

415 LP. — Coyzevox. — Louis XIV en Romain terrassant la Fronde. Marbre.

1086 LP. — Lemaire (d'après). — Louis XIV. Plâtre.

Lemaire. — Le même, commandé. Marbre.

Petitot. — Le même à cheval, commandé. Bronze.

999 LP. Lecomte (d'après). — Fénelon. Plâtre.

453 LP. — Inconnu. — Philippe II d'Orléans (le Régent). Marbre.

1087 LP. — Bra (d'après). — Le même. Plâtre.

Bra. — Le même, commandé. Marbre.

Dantan aîné. — Le maréchal de Villars, commandé. Plâtre.

Rude. — Saxe (Maurice de). Marbre.

1089 LP. — Berruer (d'après). — Le chevalier d'Aguesseau. Plâtre.

454 LP. 376 PA. — Figure allégorique du monument de Caylus. Marbre.

222 L. — Rutchiel (sic). — Suffren Saint-Tropez (le Bailli de). Marbre.

455 LP. 498 PA. — Inconnu. — Richelieu. Marbre.

2060 AC. — Moitte. — Custine. Marbre.

1783 AC. — Chaudet. — Dugommier. Marbre.

2046 AC. — Masson. — Caffarelli du Falga. Marbre.

1875 AC. — Houdon. — Joubert. Marbre.

1842 AC. — Dupaty-Leclerc. Marbre.

220 L. — Cartellier. — Pichegru. Marbre.

458 LP. — Cartellier — Roger Walhubert. Marbre.

2089 AC. — Roland. — Tronchet. Marbre.

1832 AC. — Deseine. — Portalis. Marbre.

Pradier. — Beaujolais (le vicomte de), commandé. Plâtre.

459 LP. — Deseine. — Colbert. Marbre.

460 PL. — Callamart. — Espagne. Marbre.

461. — Espercieux. — Roussel (général). Marbre.

463 LP. 228 PA. — Clodion. — Lacoste (général). Plâtre.

462 LP. — Inconnu. — La Salle (général). Plâtre.

464 LP. — Inconnu. — Moreau Jean-Victor (général). Plâtre.

465 LP. — Inconnu. — Le même. Plâtre.

2027 AC. — Lemot. — Murat, Joachim (maréchal de France). Marbre.

456 LP. — Napoléon en habits impériaux (Chambre des pairs). Marbre.

457 LP. — Cartellier. — Le même. Marbre.

614 LP. Seurre. — Le même. Bronze.

Laitié. — Dumouriez, commandé.

2086 AC. — Roland. — Cambacerès. Marbre.

2047 AC. — Masson. — Lebrun, duc de Plaisance. Marbre.

2077 AC. — Ramey père. — Eugène Beauharnais. Marbre.

1831 AC. — Delaistre. — Joseph Bonaparte. Marbre.

1779 AC. — Cartellier. Louis Bonaparte, roi de Hollande. Marbre.

1105 LP. — Jacquet. — Louis-Philippe Ier, roi des Français. Bronze.

Dumont. — Le même, commandé. Marbre.

Statues équestres.

Louis XIV. — Bronze.

3488 AC. — Desjardins. — Le même. Zinc.

Louis XV. Bronze.

Le même. Bronze.

Bustes.

1173 LP. — Inconnu. — Clovis II, roi de France. Plâtre.

1174 LP. — Inconnu. — Charles Martel. Plâtre.

1175 LP. — Inconnu. — Lothaire, roi de France. Plâtre.

1176 LP. — Inconnu. — Hugues Capet. Plâtre.

1177. — Inconnu. — Philippe, fils aîné de Louis VI. Plâtre.

466 LP. PA. — Deseine. — Héloïse, abbesse du Paraclet. Plâtre.

1178 LP. — Inconnu. — Louis VIII, roi de France. Plâtre.

1025 LP. — Inconnu. — Louis IX, roi de France. Plâtre.

2596 AC. — Inconnu. — Le même, présumé. Marbre.

1047 LP. — Inconnu. — Isabelle d'Aragon. Plâtre.

1019 LP. — Inconnu. — Pierre, comte d'Alençon. Plâtre.

1029 LP. — Inconnu. — Philippe III. Plâtre.

1016 LP. — Inconnu. — Marguerite de Provence. Plâtre.

1048 LP. — Inconnu. — Charles de France. Plâtre.

1033 LP. — Inconnu. — Jeanne de Navarre. Plâtre.

1050 LP. — Inconnu. — Philippe-le-Bel. Plâtre.

1051 LP. — Inconnu. — Louis X, dit le Hutin. Plâtre.

1053 LP. — Inconnu. — Jean Ier, enfant, roi de France, fils postume de Louis X, magasin. Plâtre.

1049 LP. — Inconnu. — Robert de France, comte de Clermont. Plâtre.

1021 LP. — Inconnu. — Louis, comte d'Évreux. Plâtre.

1012 LP. — Inconnu. — Blanche de France, fille de Saint-Louis. Plâtre.

1020 LP. — Inconnu. — Philippe V, dit le Long. Plâtre.

1015 LP. — Inconnu. — Charles de France. Plâtre.

1022 LP. — Inconnu. — Charles VI, roi de France. — Plâtre.

2597 Ac. — Inconnu. — Femme du moyen âge. Marbre.

1052 LP. — Inconnu. — Clémence de Hongrie. Plâtre.

1031 LP. — Inconnu. — Jeanne de Bourgogne. Plâtre.

1018 LP. — Inconnu. — Charles de France, comte d'Alençon. Plâtre.

1027 LP. — Inconnu. — Bonne de Luxembourg. Plâtre.

1064 LP. — Inconnu. — Jeanne de France, reine de Navarre. Plâtre.

1016 LP. — Inconnu. — Philippe VI, dit de Valois. Plâtre.

1056 LP. — Inconnu. — Jean II, dit le Bon. Plâtre.

379 LP. — Inconnu. — Charles d'Artois. Plâtre.

1017 LP. — Inconnu. — Jeanne d'Évreux, reine de France. Plâtre.

1055 LP. — Inconnu. — Jeanne, dite Blanche de France, fille de Philippe VI. Plâtre.

1028 LP. — Inconnu. — Jeanne de Bourbon, femme de Charles V. Plâtre.

382 LP. — Inconnu. — Isabelle d'Artois. Plâtre.

1030 LP. — Inconnu. — Charles V, dit le Sage. Plâtre.

491 LP. — Inconnu. — Du Guesclin. Plâtre.

1010. LP. — Inconnu. — Le même. Plâtre.

380 LP. — Inconnu. — Jean d'Artois, comte d'Eu. Plâtre.

381 LP. — Inconnu. — Isabelle de Melun, femme de J. d'Artois, comte d'Eu. Plâtre.

1008 LP. — Inconnu. — Blanche de France, troisième fille de Charles VI. Plâtre.

1059 LP. — Inconnu. — Léon de Lusignan, roi d'Arménie. Plâtre.

377 LP. — Inconnu. — Philippe d'Artois, comte d'Eu. Plâtre.

378 LP. — Inconnu. — Philippe d'Artois, fils du précédent. Plâtre.

1036 LP. — Inconnu. — Blanche de Navarre, reine de France. Plâtre.

1013 LP. — Inconnu. Bureau de la Rivière. Plâtre.

1035 LP. — Inconnu. — Marie de Bourbon, abbesse de Poissy. Plâtre.

1060 LP. — Inconnu. — Louis de Champagne, comte de Sancerre. Plâtre.

1023 LP. — Inconnu. — Marguerite, comtesse de Flandres, duchesse de Bourgogne. Plâtre.

1029 LP. — Inconnu. — Louis de France, duc d'Orléans. Plâtre.

1034 LP. — Inconnu. — Valentine de Milan. Plâtre.

1024 LP. — Inconnu. — Philippe d'Orléans, comte de Vertus. Plâtre.

1058 LP. — Inconnu. — Charles VII, roi de France. Plâtre.

467 LP. 537 PA. — Inconnu. — Jeanne d'Arc. Terre cuite.

1011 LP. — Inconnu. — Isabelle de Bavière. Plâtre.

1032 LP. — Inconnu. — Guillaume Du Chatel. Plâtre.

383 LP. — Inconnu. — Jeanne de Sa-

veuse, femme de Charles d'Artois, comte d'Eu. Plâtre.

1063 LP. — Inconnu. — Charles VII, roi de France. Plâtre.

1064 LP. — Inconnu. — Marie d'Anjou, femme de Charles VII. Plâtre.

1014 LP. — Inconnu. — Charles, duc d'Orléans. Plâtre.

376 LP. — Inconnu. — Charles d'Artois, comte d'Eu, pair de France. Plâtre.

384 LP. — Inconnu. — Hélène de Melun, deuxième femme de Charles d'Artois. Plâtre.

385 LP. — Inconnu. — Personnage inconnu, buste provenant du château d'Eu. Plâtre.

468 LP. — Inconnu. — Buste d'un personnage de la famille Briçonnet. Marbre.

469 LP. — Inconnu. — Buste d'un personnage de la famille Briçonnet. Marbre.

470 LP. — Inconnu. — Buste d'un personnage de la famille Briçonnet. Marbre.

471 LP. — Inconnu. — Buste d'un personnage de la famille Briçonnet. Marbre.

472 LP. — Inconnu. — Buste d'un personnage de la famille Briçonnet. Marbre.

473 LP. 127 PA. — Inconnu. — Georges d'Amboise. Plâtre.

1091 LP. — Dieudonné. — Gaston de Foix, duc de Nemours. Marbre.

1057 LP. — Inconnu. — Renée d'Orléans, comtesse de Dunois. Plâtre.

490 LP. — Bridan père (d'après). — Bayard. Plâtre.

193 IS. — Inconnu. — André del Sarte. Plâtre.

474 LP. 152 PA. — Inconnu. — Guillaume de Montholon. Marbre.

649 LP. — Jean Cousin (d'après). — Philippe de Chabot. Plâtre.

1037. — Jean Cousin (d'après). — Le même. Plâtre.

Bion. — Le même, commandé. Marbre.

280 LP. — Gatteaux. — Rabelais. Marbre.

1595 AC. — Jean Cousin. — Charles-Quint. Marbre.

475 LP. 148 PA. — Inconnu. — Froelich (Guillaume). Marbre.

2149 AC. — Mlle Charpentier. — Pierre Lescot. Marbre.

660 LP. — Inconnu. — Gaspard de Coligny. — Plâtre.

1038 LP. — Inconnu. — Le même. Plâtre.

2178 AC. — Francin. — Jean Goujon. Marbre.

2183 AC. — Gois père. — L'Hôpital. Marbre.

1622 AC. — Inconnu. — Le même. Marbre.

476 LP. 194 PA. — Prieur. — Gondi (J.-Baptiste). Marbre.

386. — Inconnu. — Guise (Henri), dit le Balafré. Plâtre.

480 LP. 152 PA. — Inconnu. — François II de Montholon. Marbre.

478 LP. 541 PA. — G. Pilon. — Hurault de l'Hôpital. Marbre.

479 LP. 153 PA. — Inconnu. — Elbenne (Thomas d'). Marbre.

2140 AC. — Bridan, fils. — Michel Montaigne. Marbre.

477 LP. 63 PA. — Deseine. — Le même. Plâtre.

481 LP. 270 PA. — Inconnu. — Pomponne de Bellievre. Marbre.

995 LP. — Rondoni (d'après). — Annibal Carrache. Plâtre.

482 LP. 464 PA. — Inconnu. — Dominique Sarrede de Vic. Plâtre.

493 LP. 308 PA. — Inconnu. — Barbezière (Mederic). Marbre.

3503 AC. — Inconnu. — Henri IV. — Biscuit de Sèvres.

1062 LP. — Inconnu. — Diane de France, fille naturelle de Henri II. Plâtre.

484 LP. 271 PA. — Inconnu. — Guillaume du Vair. Marbre.

485 LP. — Inconnu. — Montholon (Jacques de). Marbre.

486 LP. 323 PA. — Inconnu. — Brulart (Nicolas). Marbre.

488 LP. 457 PA. — Inconnu. — Bailly du Séjour (Charles). Marbre.

2182 AC. — Gois fils. — Gustave Adolphe. Marbre.

387 LP. — Inconnu. — Guise (Catherine de Clèves). — Plâtre.

487 LP. — 248 PA. — Inconnu. — Barentin (Honoré). Marbre.

2649 AC. — Mouchy. — Sully (Maximilien, duc de). Marbre.

489 LP. — Mouchy (d'après). — Le même. Plâtre.

3504 AC. — Inconnu. — Le même. Biscuit de Sèvres.

70 IS. — Inconnu. — Louis XIII enfant. Marbre.

499 LP. — Inconnu. — Fieubet (Gaspard de). Marbre.

492 LP. 487 PA. — Inconnu. — Bellièvre (Nicolas de). Marbre.

1200 LP. — Maindron. — Rohan (Jean de) (au musée). Marbre.

1061 LP. Inconnu. — Charles de Valois, fils naturel de Charles IX. Plâtre.

493 LP. — 279 PA. — Inconnu. — Briçonnet (Thomas), conseiller à la Cour des Aides. Marbre.

1065 LP. — Inconnu. — Gaston de France, fils de Henri IV. Plâtre.

1003 LP. — Flatters. — Mazarin. Marbre.

494 LP. — PA. — Inconnu. — Pascal. Plâtre.

506 LP. 289 PA. — Inconnu. — Harcourt (Henri de Lorraine). Marbre.

536 LP. 301 PA. — Inconnu. — Lejay (Charles). Marbre.

535 LP. 302 PA. — Inconnu. — Lesrat (Guillaume de). Marbre.

495 LP. 281 PA. — Houdon. — Molière. Plâtre colorié.

1191 LP. — Lequien. — Le même, commandé. Marbre.

496 LP. 282 PA. — Coyzevox. — Turenne. Plâtre.

528 LP. — Pajou (d'après). — Le même. Plâtre.

242 LP. — Flatters. — Le même. Marbre.

2661 AC. — Roland. — Ruyter (l'Amiral). Marbre.

3522 AC. — Inconnu. — Lamoignon (Guillaume de). Terre cuite.

194 IS. — Inconnu. — Le Bernin. Plâtre colorié.

1007 LP. — Desbœufs. — Marie-Thérèse d'Autriche, reine de France n'est point encore à Versailles, 23 décembre 1835. Marbre.

2637 AC. — Lange. — Colbert (Jean-Baptiste). Marbre.

498 LP. PA. — Inconnu. — Le même. Plâtre.

Matte. — Pierre Corneille. — Commandé. Marbre.

497 LP. 286 PA. — Coyzevox. — Le grand Condé. Plâtre.

529 LP. — Roland (d'après). — Le même. Plâtre.

686 LP. — Grevenich. — Le même. Marbre.

674 LP. — Coyzevox (d'après). — Lebrun (Charles), peintre. Plâtre.

449 L. — Delaistre. — Puget (Pierre). Marbre.

551 LP. — Mouchy (d'après). — Luxembourg (le maréchal). Plâtre.

500 LP. 287 PA. — Deseine. — La Fontaine. Terre cuite.

675 LP. — Desjardins (d'après). — Mignard (Pierre). Plâtre.

501 LP. 277 PA. — Boizot (d'après). — Racine. Plâtre.

Moitte. — Le même, commandé. Plâtre.

673 LP. — Inconnu. — Le Nôtre. Plâtre.

Gourdel. — Le même, commandé. Marbre.

Dantan, jeune. — Philippe de France, duc d'Orléans, frère de Louis XIV, commandé. Marbre.

502 LP. 297 PA. — Coyzevox. — Marie Serre, mère du peintre Rigaud. Marbre.

503 LP. 298 PA. — Inconnu. — Régis (Pierre-Sylvain). Marbre.

63 IS. — Coyzevox. — Vauban (le maréchal de). — Marbre.

531 LP. — Bridan, père (d'après). — Le même. Plâtre.

Chenillon. — Th. Corneille, commandé. Marbre.

Maindron. — Regnard (Jean-François), commandé. Marbre.

504 LP. 317 PA. — Inconnu. — Lecamus (Jean). Marbre.

505. ..... PA. — Inconnu. — Boileau Despréaux (Nicolas). Plâtre rougi.

2361 AC..... — Inconnu. — Louis de France, le grand Dauphin. Marbre.

1183 LP. — Desprez. — Louis de France, à l'Exposition. Marbre.

1180 LP. — Brion. — Louis de France, dauphin, duc de Bourgogne, à l'Exposition. Marbre.

2157 AC. — Coyzevox. — Marie-Adélaïde de Savoie, duchesse de Bourgogne. Marbre.

1181 LP. — Guillot. — Le duc de Vendôme (Louis-Joseph), à l'Exposition. Marbre.

530 LP. — D'après Dejoux. — Catinat. Plâtre.

19 C. — Le Bernin. — Louis XIV. Marbre.

2469 AC. — Inconnu. — Le même. Marbre.

2125 AC. — Le Bernin. — Le même. Marbre.

2162 AC. — Coyzevox. — Le même. Marbre.

2470 AC. — Inconnu. — Le même, petite dimension. Marbre.

2161 AC. — Coyzevox. — Le même. Marbre.

511 LP. 141 PA. — Inconnu. — Un d'Aguesseau. Plâtre rougi.

2212 AC. — Inconnu. — Bacchante avec les oreilles d'un Satyre. Marbre.

534 LP. — Inconnu. — L'abbé Bridoison. Marbre.

508 LP. 390 PA. — Coustou. — Argenson (Marc-René de Voyer d'). Marbre.

1252 LP..... — Bra. — Philippe II, duc d'Orléans, le Régent, commandé. Marbre.

507 LP. 359 PA. — Coyzevox. — Noailles (le cardinal de). Marbre.

318 L. — Petitot, fils. — Forbin (l'amiral, comte de). Marbre.

3520 AC. — Coustou (G.) — Coustou (Nicolas). Terre cuite.

1092 LP. — Bougron. — Villars (Louis-Hector), maréchal de France. Marbre.

2655 AC. — Petitot, père. — Eugène de Savoie (le prince). Marbre.

1165 LP. — Farochon. — Rousseau (Jean-Baptiste), commandé. Marbre.

1182 LP. — Lescorné. — Philippe V (le duc d'Anjou), roi d'Espagne, à l'Exposition. Marbre.

672 LP. — Cartellier (d'après). — Le maréchal de Saxe. Plâtre.

2153 AC. — Clodion. — Montesquieu. Marbre.

512 LP. 398 PA. — Clodion (d'après). — Le même. Plâtre.

Caillouette. — La Galissonnière, commandé. Marbre.

513 LP. 370 PA. — Inconnu. — Lowendal. Marbre.

Pigalle. — Crébillon, commandé. Marbre.

633 LP. — Inconnu. — Dupleix. Marbre.

514 LP. 365 PA. — Inconnu. — Louis de France, fils unique de Louis XV. Marbre.

515 LP. 401 PA. — Deseine. — Winkelmann. Terre cuite.

516 LP. ..... PA. — Inconnu. — Le même. Plâtre.

2434 AC. — Inconnu. — Marie-Leczinska. Marbre.

2155 *ter*. — Inconnu. — Le même. Biscuit de Sèvres.

517 LP. 403 PA. — Inconnu. — Helvetius. Plâtre.

.... Jean-Marie Pigalle. — Piron, commandé. Marbre.

509 LP. 361 PA.— Gois père.— Louis XV. Marbre.

510 LP. 363 PA. — J.-B. Pigalle. — Le même. Plâtre.

3504 AC. — Inconnu. — Le même. Biscuit de Sèvres.

2471 AC. — Inconnu. — Le même (rentré à Paris, le 23 août 1835). Marbre.

646 LP. — Inconnu. — Conti (Louis-François, prince de). Plâtre.

2138 AC. — Boyer. — Rousseau (Jean-Jacques). Marbre.

518 LP. ..... PA. — Pigalle. — Voltaire. Marbre.

539 LP. ..... PA. — Houdon. — Valbelle. Plâtre.

519 LP. 503 PA. — Francin, fils. — Dalembert. Marbre.

2458 AC. — Inconnu. — Frédéric-le-Grand. Marbre.

520 LP. ..... PA. — Inconnu. — Buffon. Plâtre.

2132 AC. — Boizot. — Joseph II. Marbre.

2188 AC. — Houdon. — Mirabeau. Marbre.

427 LP. — D'après Dumont père. — Mirabeau. Plâtre.

521 LP. 369 PA. — Inconnu. — Brissac (Louis-Hercule, duc de Cossé). Marbre.

522 LP. 502 PA. — Inconnu. — Montmorin Saint-Herem. Plâtre.

2475 AC. — Inconnu. — Louis XVI, roi de France. Marbre.

2477 AC. — Inconnu. — Le même. Marbre.

2185. — Houdon. — Le même. Marbre.

523 LP. ..... PA. — Inconnu. — Pelletier Saint-Fargeau. Plâtre.

365 LP. — Inconnu. — Élisabeth (Mme). Marbre.

2639 AC. — Lecomte. — Marie-Antoinette. Marbre.

3511 AC. — Inconnu. — La même. Marbre.

2651 AC. — Pajou. — Du Barry (Mme).
Marbre.

2667 AC. — Stouf. — Lavoisier. Marbre.

3521 AC. — Inconnu. — Louis XVII. Terre cuite.

662 LP. — Dumont (d'après). — Marceau. Plâtre.

669 LP. — Lecomte (d'après). — La Harpe (général de division). Plâtre.

652 LP. — Bartolini (d'après). — Banel (Pierre), général. Plâtre.

650 LP. — Dardel (d'après). — Elliott (Jacques), capitaine de Bonaparte. Plâtre.

671 LP. — Delaistre (d'après). — Hoche (Lazare). Plâtre.

664 LP. — Roland (d'après). — Dupuy. Plâtre.

642 LP. — Espercieux (d'après). — Sulkouski. Plâtre.

524. 504 PA. — Inconnu. — Dewailly (Charles). Plâtre.

2452 AC. — Inconnu. — Général Français. Marbre.

648 LP. — Renaud (d'après). — Bon (Pierre), général. Plâtre.

2190 AC. — Houdon. — Washington. Marbre.

1129 LP. — Inconnu. — Daubanton. Plâtre.

2366 AC. — Moitte. — Desaix. Marbre.

666 LP. — Masson. — Kléber. Plâtre.

653 LP. — Inconnu. — La Tour d'Auvergne. Plâtre.

525 LP. 410 PA. — Inconnu. — Montalembert. Plâtre.

1130 LP. — Inconnu. — Darcet, sénateur. Plâtre.

364 LP. — Inconnu. — Mme Clotilde. Marbre.

1131 LP. — Inconnu. — Hatry (Jacques-Marie), général de division. Plâtre.

2130 AC. — Boichot. — Watrin (François), général. Marbre.

65 IS. — Inconnu. — Albani (Le Cardinal). Marbre.

6 L. — Masson. — Pichegru (Charles). Marbre.

2658 AC. — Renaud. — La Touche-Tréville. Marbre.

3524 AC. — Renaud (d'après). — Le même. Terre cuite.

1002 LP. — Thérasse (d'après). — Le même. Plâtre.

1179 LP. — Thérasse (d'après). — Le même. Marbre.

537 LP. 383 PA. — Boyer. — Montréal (Cherchal de). Marbre.

526 LP. 347 *bis* PA. — Nogaret (Arm.-Fréd.-Ernest de). Terre cuite.

527 LP. 324 PA. — Flatters. — Haydn (Michel (*sic*). Terre cuite.

1132 LP. — D'après Roland. — Tronchet. Plâtre.

2166 AC. — Anna Seymour Damer. — Fox, ministre anglais. Marbre.

1128 LP. — Inconnu. — Belloy (Jean-Baptiste). Plâtre.

651 LP. — Inconnu. — Lannes (Jean, duc de Montebello). Plâtre.

1133 LP. — Deseine. — Luynes (Louis-Joseph, duc de). Plâtre.

668 LP. — Renaud (d'après). — Colbert, général de brigade. Plâtre.

670 LP. — Bridan, fils (d'après). — Saint-Hilaire, général de division. Plâtre.

643 LP. — Callamart (d'après). — Espagne (général). Plâtre.

532 LP. 316 PA. — Chaudet (d'après). — Fourcroy. Plâtre.

362 LP. — Inconnu. — Provence (Marie-Joseph-François-Xavier, comte de). Marbre.

1134 LP. — D'après Bosio neveu. — Bougainville (Louis-Antoine). Plâtre.

1088 LP. — Chinard. — Baraguey d'Hilliers (le général). Plâtre.

1127 LP. — Deseine (d'après). — Lagrange Jos.-Louis), sénateur. Plâtre.

655 LP. — Inconnu. — Bessières, duc d'Istrie. Plâtre.

2187 AC. — Houdon. — Joséphine Tascher de la Pagerie. Marbre.

2119 AC. — Bartolini. — La même. Marbre.

645 LP. — Inconnu. — Ney (Michel). Plâtre.

658 LP. — Inconnu. — Berthier (Alex.). Plâtre.

663 LP. — Inconnu. — Brune. Plâtre.

667 LP. — Inconnu. — Augereau. Plâtre.

665 LP. — Inconnu. — Masséna. Plâtre.

659 LP. — Matte (d'après). — Perignon (le marquis). Plâtre.

665 LP. — Inconnu. — Le comte Serrurier. Plâtre.

533 LP. — Inconnu. — Regnault. Plâtre.

641 LP. — Inconnu. — Kellermann. Plâtre.

2123 AC. — Bartolini. — La princesse Élisa. Marbre.

2118 AC. — Bartolini. — Napoléon Bonaparte. Marbre.

2136 AC. — Bosio. — Le même. Marbre.

2137 AC. — Bosio. — Le même. Marbre.

2183 AC. — Houdon. — Le même. Marbre.

2665 AC. — Ruxtiel [1]. — Le même. Marbre.

1. Lisez Rutxhiel.

3327 AC. — Bartolini. — Le même. Bronze.

1100 LP. — Inconnu. — Le même. Marbre.

242 C. — Ramey, fils. — Michalon, peintre. Marbre.

1067 LP. — Inconnu. — Dumouriez (Charles). Plâtre.

79 LP. — Canova. — Pie VII, marbre.

647 LP. — Bosio (d'après). — Davoust, prince d'Eckmülh. Plâtre.

81 L. — Cerroti. — Louis XVIII. Marbre.

3508 AC. — Inconnu. — Le même. Marbre.

362 LP. — Inconnu. — Le même, alors comte de Provence. Marbre.

2154. — Comolli. — Eugène Beauharnais. Marbre.

2117. — Bartolini. — Alexandre Ier. Marbre.

657 LP. — Bra (d'après). — Foy (Maximilien), général de division. Plâtre.

1085 LP. — Bougron. — La Rochefoucault-Liancourt. Marbre.

346 LP. — Bougron (d'après). — Le même. Marbre.

644 LP. — Bosio (d'après). — Lauriston. Plâtre.

54 LP. — Gois, fils. — Le duc de Bourbon, prince de Condé. Marbre.

366 LP. — Pradier (d'après). — Le baron Cuvier. Plâtre.

630 LP. — Houdon. — La Fayette. Marbre.

3523 AC. — Inconnu. — Le même. Terre cuite.

1189 LP. — Bra (d'après). — Le maréchal Mortier, duc de Trévise. Plâtre.

2666 AC. — Spalla. — Marie-Louise, impératrice des Français, duchesse de Parme. Marbre.

75 IS. — Paolo Triscornia. — La même. Marbre.

1101 LP. — Inconnu. — La même. Marbre.

2120 AC. — Bartolini. — (Joseph) Bonaparte, roi d'Espagne (le comte de Survilliers). Marbre.

2147 AC. — Cartellier — Jérôme Bonaparte (le prince de Montfort). Marbre.

1093 LP. — Fantoni. — Ferdinand II, roi de Naples. Plâtre.

1094 LP. — Fantoni. — Marie-Christine de Savoie, reine de Naples. Plâtre.

538 LP. — Personnage inconnu d'époque incertaine. Marbre.

BAS-RELIEFS ET MÉDAILLONS.

540 LP. 134 PA. — Inconnu. — Pierre Fayet. Pierre.

46 LP. — Inconnu. — Rabelais, médaillon. Marbre.

1644 AC. — G. Pillon. — Bullant (Jean), sculpteur [1]. Marbre.

1708 AC. — Inconnu. — Philippe Desportes. Bronze.

541 LP. 241 PA. — Inconnu. — Marillac (Louis de), maréchal de France. Plomb.

1. Conférez *Alexandre Lenoir, son Journal et le Musée des monuments français*, tome III, p. 218.

553 LP. 201 PA. — Girardon. — Portraits de la famille de Castellan. Marbre.

542 LP. 190 PA. — Le Bernin. — Marin Cureau de la Chambre. Marbre.

552 LP. 556 PA. — Deferre. — Jacques Sirmond. Marbre.

543 LP. 254 PA. — Anguier. — Antoine d'Aubray, comte d'Offémont. Pierre de Tonnerre.

556 LP. 500 PA. — Inconnu. — L'abbé de Marolles. Marbre [1].

546 LP. 527 PA. — Coyzevox. — François d'Argouges. Marbre.

555 LP. 263 PA. — Coyzevox. — Fourcy (Henri de), prévôt des marchands. Marbre.

554 LP. 206 PA. — Inconnu. — Minerve tenant le médaillon de François-Louis de Bourbon, prince de Conti. Marbre.

629 LP. — Inconnu. — Louis XIV, couronné par la Victoire. Marbre.

---

1. Conférez *Alexandre Lenoir, son Journal et le Musée des monuments français*, tome III, p. 31 à 37.

2476 AC. — Inconnu. — Louis XIV. médaillon en marbre. Marbre.

557 LP. — Fontenelle (Fr.) — Meusnier (Antoine-Philippe), peintre. Marbre.

558 LP. 393 PA. — Inconnu. — Asfeld (marquis d'), maréchal de France. Marbre.

560 LP. 413 PA. — Pigalle. — M. et Mme Gougenot. Marbre.

559 LP. 255 PA. — Pajou. — Lalive d'Épinay (Mme de). Marbre.

545 LP. 417 PA. — Chardin. — Bernard Cherin, généalogiste. Marbre.

563 LP. — Inconnu. — Grand maître de France. Marbre.

564 LP. — Inconnu. — Personnage inconnu. Marbre.

565 LP. — Inconnu. — Personnage inconnu. Marbre.

566 LP. — Inconnu. — Personnage inconnu. Marbre.

567 LP. — Inconnu. — Personnage inconnu. Marbre.

568 LP: — Inconnu. — Personnage inconnu. Marbre.

369 LP. — D'après Deseine. — Entrée des Français dans Vienne. Plâtre.

368 LP. — D'après Lesueur. — Paix de Presbourg.

MONUMENTS

548 LP. 187 PA. — Coyzevox. — Le cardinal Mazarin. La statue est portée sur un monument orné des figures en bronze de la Fidélité, de la Prudence et de l'Abondance et surmontée de celles en marbre de la Religion et de la Foi avec armoiries. Marbre. 1661. [Les armoiries avaient disparu.]

547 LP. — Moitte. — Desaix; modèle de son tombeau élevé sur le mont Saint-Bernard, exécuté par Moitte. Il offre la statue de ce général mourant et soutenu par son aide de camp Lebrun et deux fleuves. Plâtre.

OBJETS DIVERS

Cheval en bronze. Bronze.

Je ne puis avoir la prétention de ne

rien omettre dans l'énumération des monuments qui furent transportés à Versailles. J'ajouterai seulement qu'il résulte d'un document que deux « bas-reliefs de marbre », représentant l'un une « Figure allégorique, » l'autre « une *Femme éplorée* par Broche », furent aussi envoyés de Paris, le 26 mai 1834. Ce sont les fragments des mausolées de Caylus et de Du Terrail qui étaient revenus à Paris, avant 1870, occuper une place dans la salle de Coyzevox, sans avoir été reconnus et sur lesquels j'ai publié une note dans l'*Art* en 1878 [1].

La *Notice historique des Peintures et des Sculptures du Palais de Versailles*, parue de 1837 à 1839 en deux volumes,

1. *Fragments des mausolées du comte de Caylus et du marquis Du Terrail conservés au Musée du Louvre*. Paris, 1878, in-8°, et *Alexandre Lenoir, son journal et le musée des monuments français*, tome III, p. 37 à 52.

indique comment les monuments envoyés de Paris furent rangés et disposés dans le château.

On déménageait encore quand éclata la Révolution du 24 février 1848. Tel fut le dernier acte de l'Administration des Musées royaux relatif au département de la sculpture moderne :

STATUES ENVOYÉES A VERSAILLES
LES 12 ET 14 FÉVRIER 1848

LP. 3395. Ph. Buister. — L'Aubespine (Guillaume de). Statue à genoux.

3297. — L'Aubespine (Charles de). Statue à genoux.

3396. — Ch. Buister. — Marie de La Châtre, dame de l'Aubespine, femme de Guillaume. Statue à genoux.

3399. — Montigny (François de Lagrange, sieur de). Statue à genoux.

3398. — Berry (Jean de France, duc de), † en 1416. Statue couchée.

3400. — Chabannes (Antoine de), † en 1488. Statue couchée.

3401. — Le Bouteiller de Senlis (Philippe, sieur de Moucy), † 1627. Statue à genoux.

3402. — Anne Dauvet, dame de Moucy-le-Vieil et femme du précédent. Statue à genoux.

3425. — Jeannin (Pierre), surintendant des finances, † 1622. Statue à genoux.

3426. — N. femme de Pierre Jeannin.

3424. Pigal[lle]. — Berulle (Pierre de), † 1629. Statue à genoux.

3413. Dumont. — Malesherbes (Chrétien-Guillaume de Lamoignon de), † 1894. Statue en plâtre.

3428. Barre. — Laplace (Pierre-Simon, marquis de), † 1827. Statue en plâtre.

3427. Dardel. — Raimbaud III, comte d'Orange, né vers 1121. Statue en plâtre.

Beaumont.

Versailles, 14 février 1848.

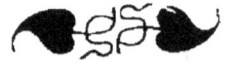

III

LE MUSÉE

DE LA

SCULPTURE DU MOYEN AGE
DE LA RENAISSANCE
ET DES TEMPS MODERNES

Le procès de l'administration des Musées sous le règne de Louis-Philippe a été fait par Jeanron, dans un *Rapport adressé au Ministre de l'Intérieur pour le projet de budget de 1849* [1], qu'il im-

---

[1]. Imprimé par le procédé lithographique, in-folio de 29 pages.

porte de reproduire. Il s'est exprimé ainsi :

Le directeur, en effet, par la désuétude des anciennes responsabilités, par l'invasion des récentes initiatives, concentrait, à bien dire, en lui seul toute la responsabilité, tout le travail, toute la recherche et toute la compétence. Cela ne peut pas être. Un homme qui sait quelque chose doit répugner, par cela même, à l'obligation de les savoir toutes.

Je conçois qu'on doive attendre d'un directeur des Musées nationaux l'impulsion, l'ordre et la surveillance dans les travaux; mais il doit se garder d'absorber ou de paralyser des hommes dont les attributions plus modestes, moins étendues mais plus profondes, doivent être reliées à une inspiration commune, mais doivent ne jamais être subalternisées.

Il n'y avait plus guère au Musée du Louvre que des employés sans fonctions précises et fixes. Chacun d'eux, sous l'injonction du directeur, passait d'un ordre de travaux à un autre, commençant une chose qu'il ne finissait pas; et, par un travail sans cesse interrompu et sans cesse remanié, augmentant le désordre primitif. C'est ce qui explique les nombreuses tentatives d'inventaires et de classifications erronés, incomplets, contradictoires qui rendent impraticables jusqu'à ce jour les documents et les richesses du Musée.

« Ainsi, les employés du Musée du Louvre, distraits de leurs travaux habituels, étaient envoyés à Versailles, à Trianon et dans les autres résidences, et, produisant dans une continuelle mobilité de vues et de caprices, ne faisaient rien de bon et de durable, comme leurs travaux imprimés à grands frais, malgré leur rare mérite personnel, le prouvent suffisamment.

Ainsi, le sous-chef de bureau, au musée du Louvre, complètement annihilé, malgré l'utilité réelle de son emploi, a-t-il été, pendant de longues années, entièrement occupé à placer des étiquettes sur des monuments et des objets de toute nature qui n'en restent pas moins ni comptés, ni décrits, ni classés, ni exposés ; ou encore à composer des médailliers en épreuves de plâtre ou des collections de portraits gravés à l'usage du Musée de Versailles.

Les quelques employés qui avaient conservé un titre spécial, définissant nettement leurs attributions, n'avaient aucune fonction sérieuse, malgré l'apparence. Ils étaient ou écartés systématiquement de leur devoir ou tolérés complaisamment dans leur négligence.

Ainsi, sans parler du Conservateur-adjoint de la peinture, dont la position respectable doit être considérée comme une retraite, on peut dire que la fonction si difficile, si laborieuse, si nécessaire de la conservation de la peinture, n'était pas occupée, bien qu'il y eut un titulaire. Ce titulaire était ordinairement absent et son initiative et sa collaboration étaient nulles dans toutes les questions importantes qui s'y rattachent.

... Il n'y a aucune trace au Musée du travail des autres conservateurs titulaires, ou de bien faibles traces. Leurs travaux, si travaux il y a, s'accomplissaient en dehors. Ils n'avaient pas, au pied de la lettre, une chaise au musée pour s'y asseoir.

Depuis la mort d'un employé, M. Dubois, homme plus laborieux que savant, plus attentif que judicieux, et qui s'occupait, sans attributions bien précises, des monuments archéologiques, une salle, entre autres, existait au Louvre, entièrement délabrée, à peine close, encombrée des plus précieux vestiges de l'antiquité, sur lesquels on marchait quand par hasard on la visitait.

Des services entiers, exigeant le devouement le plus absolu et méritant de l'obtenir par leur importance, leur charme et leur utilité, étaient complètement à l'abandon.

Tout, cependant, n'était pas juste dans ce tableau. MM. Léon de Laborde et A. de Longpérier avaient été nommés conservateurs des Antiquités du Louvre dès le 10 février 1847 et leur nomination était évidemment l'augure d'une réorganisation des musées royaux. Mais cet heureux choix n'avait pas encore pu produire d'effet quand éclata la Révolution de 1848.

Il est certain que le gouvernement républicain de 1848 se préoccupa très utilement et très efficacement du musée du Louvre[1]. C'est lui qui fit commencer la restauration de la galerie d'Apollon. Malheureusement il commit la faute de destituer M. de Laborde le 15 mai 1848. Ce n'était pas le moyen de hâter la réorganisation du Musée de la Renaissance que d'éloigner le savant le mieux préparé par ses études à fournir à la République ce qu'elle demandait.

Resté seul au Louvre à s'occuper du département de la sculpture, — car M. de Laborde avait été remplacé par Camille

[1]. Voyez les Rapports de Jeanron au ministre de l'Intérieur des 7 et 25 avril, 1er mai et 7 juin 1848, et la *Notice historique et descriptive sur la Galerie d'Apollon*, par Ph. de Chennevières. Paris, 1855.

Duteil chargé de conserver les antiquités égyptiennes, — M. de Longpérier déploya une grande activité et toutes les ressources de son goût et de sa science. Les vieilles salles du musée d'Angoulême, situées entre le pavillon de l'horloge et le pavillon de Beauvais, étaient devenues trop étroites. La collection des sculptures modernes fut scindée en deux. On laissa dans les anciennes salles tout ce qui appartenait aux XVIIe, XVIIIe et XIXe siècles, et les monuments de la Renaissance furent reportés à l'autre extrémité de la cour, entre le département des antiquités égyptiennes et le guichet du Pont des Arts. L'installation de tous ces monuments se fit rapidement, et, dès le 3 décembre 1849, le Directeur des Musées nationaux pouvait dire au ministre de l'Intérieur dans un rapport [1] : « L'augmentation des gar-

---

[1]. Quatre pages in-folio lithographiées.

diens du musée du Louvre est rendue indispensable par la nécessité de faire surveiller de nombreuses salles d'exposition qui sont de formation nouvelle ; parmi celles-ci je citerai... les salles consacrées à l'exposition des sculptures de la Renaissance qui vont pouvoir être ouvertes au public sous très peu de temps, celles de la cheminée de Bruges et des tombeaux moulés de Ferdinand, d'Isabelle et de Philippe II, qui sont dans le même cas. »

Trois mois après, les salles du Musée de la Renaissance étaient livrées au public. On lit dans le *Siècle* du 13 mars 1850 une très intéressante description de leur aménagement.

MUSÉE DE SCULPTURE DE LA RENAISSANCE AU LOUVRE

Les nouvelles salles de la sculpture de la Renaissance qu'on vient d'ouvrir au Louvre sont, sans contredit, une des parties les plus curieuses et les plus intéressantes de tout notre immense musée de sculpture. Là on peut voir cet art sublime de la statuaire, depuis le moment où il se délivre de ses langes gothiques avec Paolo Romano, jusqu'à son plus complet épanouissement avec Michel-Ange, Jean Goujon et Barthélemy Prieur. . . . .

Cette statuaire ne possède certes pas les sévères beautés de l'art, tel que le comprenaient les Grecs surtout, mais elle a une allure décidée et un parti-pris de nouveauté qui ne manquent ni de charme ni d'un certain grandiose qui plaisent et qui captivent jusqu'à l'égal de la simplicité antique.

L'arrangement a été fait par M. Longpérier sous l'ancienne direction; tout l'honneur lui en revient. En deux années, M. Longpérier, le savant conservateur de la sculpture, sous la direction de M. Jeauron, a doté le Louvre de huit musées nouveaux ; il a catalogué les monuments égyptiens, assyriens, grecs antiques, algériens, de l'Asie-Mineure, les tombeaux du moyen âge et la cheminée de Bruges. Jamais on n'avait fait preuve d'une pareille activité depuis la fondation du musée. Aussi, pour l'en récompenser, vient-on de morceler ses dépouilles en sept départements.

Quoi qu'il en soit, occupons-nous des monuments de la nouvelle galerie et de la nouvelle classification.

Les belles faïences polychromes de Lucca della Robbia sont les précurseurs des madones de Pérugin et même de celles de Raphaël. La Vierge adorant l'enfant Jésus, grande rondache en forme de plat, est surtout d'un effet merveilleux............

Dans cette même salle se trouve la Diane, bas-relief en bronze de Benvenuto Cellini.

Le centre de cette salle, entièrement consacré à la Renaissance italienne, est occupé par une Renommée en bronze de Jean de Bologne, curieux morceau fait pour le château Trompette (sic) et dans lequel on retrouve toute la vigueur de l'école du grand Buonarotti. Cette figure est encore plus hardiment posée que le célèbre Mercure connu des Parisiens sous le nom de Mercure du Passage Vivienne.

La seconde salle est consacrée à la gloire de l'art français. Ce n'est ni l'art antique ni l'art du moyen âge. . . . .

Les Jean Goujon sont plus nombreux et donnent la plus complète idée de l'art au xvie siècle. Le centre de la salle est occupé par Diane de Poitiers appuyée sur un cerf.

En face du buste de Coligny, près de la fenêtre où le beau groupe des trois Grâces de Pilon étale ses merveilleuses draperies, sous des flots de lumière, se trouve le tombeau du chancelier René de Birague . . . . . Je ne parlerai pas du buste si bien fait de l'exécuteur Charles IX, quoique ce soit un chef-d'œuvre . . . . car il me tarde d'arriver à la perle de ce musée, au petit buste d'enfant, du même Germain Pilon.

Paul-Ponce Trebatti était un statuaire florentin et il est classé parmi les maîtres français dont il a adopté la manière . . . . .

On voit encore dans cette salle la belle vasque du château de Gaillon, attribuée à frère Joconde et la colonne funéraire de Cossé............................
Mais on peut dire que cette salle est consacrée tout entière aux œuvres des cinq maîtres énumérés plus haut. C'est d'ailleurs une des salles les plus heureusement distribuées et les plus coquettement emménagées de tous les musées. Les monuments y sont placés dans leur véritable jour, et l'ensemble des œuvres de ces grands maitres de l'École française y produit le plus grand effet.

Là finissent les grandes œuvres des grands maîtres, car la troisième salle qui renferme la sculpture de l'époque de Henri IV, etc... c'est déjà la décadence................

Au centre est placé l'obélisque funéraire de Henri de Longueville par François Anguier. Les morceaux qui le composent avaient été disséminés, ils ont été heureusement cherchés, trouvés et réunis et l'on peut à présent juger de l'effet primitif de ce monument qui est très remarquable. Les quatre statues qui le décorent sont encore dignes du xvie siècle. Avant que MM. Jeanron et Longpérier eussent entrepris de réorganiser les musées, ces statues étaient aux quatre coins d'une salle, dans des jours bizarres qui empêchaient de les voir. Les médaillons de bronze servaient de dessus de portes et le soubassement avait été tout simplement relégué dans une cave.

Là finissent les salles de la sculpture moderne jusqu'à présent ouvertes ; il reste à exposer les ouvrages de Puget et de ses successeurs ; mais ce travail, confié désormais à des mains nouvelles, n'est pas encore fait, dit-on, quoique M. Longpérier ait tout préparé et tout distribué pour le recevoir. Avec l'ancienne direction Jeanron, ces salles auraient été livrées au public au commencement de cette année. Nous sommes en mars, et M. le comte de Nieuwerkerke n'a point encore jugé à propos de nous les faire voir. Espérons cependant que le nouveau conservateur spécial de la sculpture moderne qu'on vient de créer au Louvre continuera l'entreprise si bien commencée par M. Longpérier, qui seul a travaillé à faire ouvrir les trois salles dont nous avons donné l'aperçu. Ces salles sont fort belles, mais nous croyons qu'on y a voulu trop faire; le trop a nui au très bien. Ainsi, pourquoi avoir dépouillé les cheminées des salons de dessin de ces quatre petites figures de Michel-Ange qui sont véritablement des bronzes d'ameublement et qui ne produisent aucun effet dans un musée de sculpture? Puis, nous ne voyons pas pourquoi la peinture des murailles, ayant si bien réussi au musée grec sous l'ancienne direction, la nouvelle n'a pas fait donner une simple couche à celles-ci. Une teinte rose, par exemple, aurait admirablement servi à faire ressortir les marbres, sans porter préjudice aux bronzes, qui seraient écrasés sous le vert atelier dont on a barbouillé certaines salles des antiques.

X.

Cependant on avait éclairé le gouvernement de la République. Le marquis Léon de Laborde avait été réintégré dans ses fonctions le 10 mai 1849 et le souhait formulé par le *Siècle* fut largement réalisé. En rentrant au Louvre, M. de Laborde y rapportait l'originalité de son esprit, les résultats de l'immense enquête qu'il avait ouverte sur l'histoire de l'art et cet enthousiasme pour nos arts nationaux dont tous ses remarquables travaux sont empreints. Les salles de la sculpture moderne furent d'abord fermées, mais pour s'ouvrir bientôt singulièrement enrichies. A la date du 10 décembre 1850, les menuisiers faisaient des cadres pour les bas-reliefs contenus dans la salle de Jean Goujon et posaient quelques tringles de bois dans les fissures des statues qui portaient la châsse de sainte Geneviève. Le 27 février 1851, on préparait les cartels destinés à être placés dans les salles. Enfin, le 14 octobre 1851, on lisait dans le *Moniteur officiel* de ce jour : « Cinq salles nouvelles dans lesquelles sont réunis les chefs-d'œuvre de la sculpture de la Renaissance viennent d'être rendues au public. »

M. de Guilhermy, dans d'excellents articles publiés par les *Annales archéologiques* au commencement de 1852, rendit justice au zèle et au dévouement de M. de Laborde. Il s'exprimait ainsi :

« Dès la fin de 1849, M. Jeanron, dont l'administration a donné une si heureuse impulsion à la réorganisation de nos musées, et M. de Longpérier, alors conservateur de la sculpture antique et moderne, s'occupaient avec la plus grande activité de compléter la galerie d'Angoulême. Plusieurs monuments, dont les débris étaient dispersés, furent rétablis autant que possible dans leur forme primitive d'après d'anciennes gravures; tous furent rangés dans un ordre meilleur, etc... Mais ces changements, dont l'importance ne saurait d'ailleurs être contestée, n'étaient que le prélude de ceux qui devaient suivre la réintégration de M. de Laborde dans ses anciennes fonctions. Le musée de sculpture moderne prit aussitôt une face tout à fait nouvelle. M. de Laborde avait résolu d'y rassembler tout ce qu'il pourrait découvrir d'œuvres remarquables des plus illustres maîtres français........

Nous applaudissons sans restrictions à la persévérance que M. de Laborde a déployée pour rechercher et faire rentrer dans la collection une quantité considérable de sculptures précieuses qu'il a ainsi arrachées à une destruction certaine. On ne se figure pas ce qu'il a fallu, par exemple, de négociations et de diplomatie pour tirer, de l'École des Beaux-Arts, des figures et des bas-reliefs de la Renaissance encastrés dans les murailles où une affreuse lèpre de moisissure les envahissait de jour en jour davantage. Maintenant, du moins, un abri leur est assuré. Les anciennes salles de la galerie d'Angoulême ne contiennent plus que les œuvres des artistes modernes depuis le milieu du xviie siècle jusqu'à nos jours. Neuf salles nouvelles situées au rez-de-chaussée du Louvre, dans l'aile méridionale se sont ouvertes. Ce sera, nous le croyons, un grand honneur pour M. de Laborde d'avoir donné droit de cité dans le Louvre à ce noble et sérieux art du moyen âge [1]. »

La correspondance adressée par M. de Laborde à ses chefs hiérarchiques, pendant cette période d'enrichissement et de transformation du Louvre, mériterait d'être conservée par l'impression. Rien de plus intéressant que de suivre, jour par jour, la pensée de l'ardent organisateur dont tous les actes isolés étaient dictés par une pensée d'ensemble. Acquisitions, revendications, classification méthodique, tout marche de front. Il serait à désirer qu'on puisse constater un jour les manifesta-

1. *Annales archéologiques*, t. XII, p. 20 et 21. Article sur le musée du Louvre par le baron de Guilhermy.

tions diverses de cette incroyable activité. M. de Laborde trouvait cependant des loisirs pour préparer son important travail de la *Notice des Emaux du Louvre* et du *Glossaire de l'orfévrerie* qui parurent en 1854, et pour rédiger son volumineux et si curieux rapport sur l'Exposition de Londres en 1851.

Les lettres de M. de Laborde ont tracé à tous ses successeurs une règle de conduite dont ceux-ci ne sauraient s'écarter sans déchoir et à laquelle ils n'auront guère à ajouter. Tout d'abord, il recherche avidement les occasions d'acquérir pour le Louvre des monuments du moyen âge et de la Renaissance. Il fait acheter toutes les pièces importantes qui passent en vente ou qui lui sont proposées à des prix raisonnables. C'est ainsi que, le 5 juin 1850, il recommande la Vierge de Maisoncelles, le 13 janvier 1852, les quatre anges de Poissy, des œuvres émaillées des della Roblia (Lettre XXXIV et XXXV), une sculpture de l'École de Bourgogne (Lettre XXXVI), etc., etc.

Ensuite il invite ses collègues à retirer de leurs départements et à lui transmettre tout ce qui concerne le moyen âge, la Renaissance et l'art moderne. Le 30 juillet 1850, il demande les bas-reliefs de bronze de Riccio qui décorent, sans profit pour la science, les panneaux d'une porte dans la salle des Cariatides. Le 21 octobre de la même année, il réclame les imitations d'ouvrages antiques exécutées à l'époque de la Renaissance. Il voudrait en former une salle spéciale [1]. Puis,

1. *Lettre du Conservateur de la sculpture moderne au Directeur des Musées nationaux.*

Le 21 octobre 1850.

Monsieur le Directeur général,

Le mode de classification chronologique que vous avez adopté dans la nouvelle distribution

le 29 octobre, il pose en principe que les divers Musées nationaux et les résidences nationales ne doivent pas se faire concur-

des salles de la sculpture depuis le moyen âge jusqu'à nos jours, laisse en dehors de toute époque précise une série intéressante de monuments que je crois utile, et pour l'histoire de l'art et pour l'instruction du public, de réunir dans une salle.

Je veux parler des imitations. Vous savez qu'à partir du xvi° siècle, l'Italie, reprenant les goûts de l'Empire romain, se mit avec ardeur non seulement à s'inspirer des monuments de l'Antiquité mais à les surmouler en bronze, à les copier servilement et, qui pis est, à produire des pastiches d'autant plus trompeurs que des hommes de talent ne craignirent pas de prêter leurs mains habiles à ces spéculations. Plus tard, vers la fin du xvi° siècle et dans toute la première moitié du xvii° siècle, se développa un autre engouement qui avait également été partagé par les Romains, ce fut le goût désordonné pour les belles matières. On se mit à imiter l'Antique en agathe orientale, en marbre de couleur, en granit,

rence ni conserver séparément ce qui gagnerait à être réuni et groupé autour du sujet principal. La lettre du 21 mars 1851

en basalte et en porphyre. Ce qui est sorti de ces ateliers est aussi innombrable que les difficultés vaincues sont surprenantes. Enfin, quand l'École florentine eut épuisé sa verve productive, on voulut continuer en tout pays ses fontes délicates, et, jusqu'à nos jours, on refit et on refait des bronzes florentins. Nos collections sont remplies de ces objets d'imitation moderne; si nous ne les avions pas, je ne vous proposerais certes pas de les acquérir; mais nous les possédons. Ils ne nous seront d'aucun secours dans les échanges, et il s'agit d'en tirer un utile parti. Or si nous parvenions à enseigner au public à distinguer les copies des originaux, si nous évitions aux collectionneurs les erreurs coûteuses qu'ils commettent journellement, nous aurions rendu un véritable service, et nous atteindrons en partie ce but, en réunissant et en classant dans une salle les objets d'imitation.

On peut répondre que ces imitations placées dans les collections mêmes dont elles sont la

établit qu'il s'agit de créer au Louvre un Musée des chefs-d'œuvre de nos sculpteurs depuis l'origine de l'art en France,

singerie forment mieux le jugement du public qui peut comparer la copie avec l'original; qu'ainsi la *Louve* avec ses enfants bouffis, à chignons frisés, ne sera estimée par personne pour un objet d'art grec ou romain, quand elle se retrouvera à côté du chien en marbre blanc qui est bien réellement antique; que les statues d'Isis et d'Osiris sont bien placées à l'entrée de la salle des monuments égyptiens pour que le public fasse lui-même justice de ces pastiches.

Émettre une pareille opinion, c'est avouer qu'on ne connaît pas les allures du public. Les visiteurs de nos salles, je ne parle pas des moins fins, tiennent pour original égyptien tout ce qui est placé dans la salle des monuments de l'Égypte, et pour originaux grecs et romains tout ce qu'on lui montre dans le Musée des Antiques; et si vous l'avertissez qu'il trouvera des imitations modernes confondues avec les objets antiques, il n'abordera plus ces salles qu'avec hésitation et les prendra en dégoût. Sans doute il

et que les petits intérêts de localité des détenteurs doivent céder devant le grand intérêt du public studieux. En vertu de

serait préférable de consacrer une salle à la suite de chaque collection, pour ses imitations, mais nous n'avons pas, Dieu merci, assez d'objets d'imitation pour remplir quatre salles et l'exiguïté du Louvre ne permet pas cette distribution.

Le seul parti à prendre est de former, pour toutes les collections, une salle des imitations modernes et de la faire correspondre avec l'époque même où ce faux goût a prévalu. Le public, sachant bien ce qu'il trouvera dans cette salle, s'empressera d'étudier les copies comme il étudie les originaux et nos amateurs, trompés ou au moment de l'être, y viendront chercher ou des enseignements ou des règles de prudence.

Si vous adoptez ce projet, Monsieur le Directeur général, je réunirai dans la salle qui fait suite aux règnes de Henri IV et de Louis XIII, époque où les imitations ont été sinon les meilleures au moins les plus nombreuses, tous les objets portés sur nos inventaires comme appartenant à la sculpture moderne et qui sont répartis aujourd'hui

cette maxime, il avait demandé, le 29 mai 1850, à tirer du Musée de Versailles le tombeau d'Anne de Bourgogne, du-

dans les diverses collections et dans nos magasins :

1° La Louve en rouge antique. Inventaire de la Renaissance. N° 1649;

2° Diane, statue en agathe et bronze. Salle de Michel-Ange;

3° Nègre, en marbre de couleur. Salle de Michel-Ange;

4° Petite figure drapée en porphyre. N° 1584;

5° Alexandre, buste en porphyre. N° 2204;

6° Tête casquée en porphyre. N° 1633;

7° Isis, statue en granit gris. N° 1582;

8° Isis, statue en marbre noir et albâtre. N° 1586;

9° Osiris, statue en marbre noir. N° 1588;

10° Divinité égyptienne en basalte. N° 1927;

11° et 12° Deux frises en marbre. N° 1550 et 1651;

13° Le Triomphe de Bacchus. Inventaire des Antiques 763, Cat. Clarac;

14° Le Nil, buste en marbre noir 347. Cat. Clarac;

chesse de Bedfort par Guillaume Vleu-
ton, les figures de Commynes et de sa
femme, le Tireur d'épine de bronze, fonte

15° Sérapis, buste en marbre noir 351. Cat. Clarac;

16° Isis, buste en marbre noir 344. Cat. Clarac;

17° Un fleuve, buste en marbre noir;

18° à 100° Une série de petits bronzes prétendus égyptiens, grecs, romains, gaulois, du moyen âge et de l'École florentine, disposés sur une longue étagère.

Vous voudrez bien communiquer ce projet à MM. de Longpérier et de Rougé, afin que mes collègues vous désignent (ils peuvent le faire avec plus de compétence que moi) les objets qu'ils désirent éliminer de leurs collections comme faussement antiques, pour les ranger dans la salle des imitations. M. de Longpérier avait déjà retiré de la collection des antiques et placé dans les salles de la Renaissance une tête barbue, en marbre noir, qu'on reconnaît à sa couronne de fleurs et aux dauphins qui se jouent dans sa barbe, pour un fleuve. Ne pense-t-il pas que les bustes du Nil (n° 347), de Sérapis (n° 351) de Fontainebleau, les fragments survivants du tombeau de Mazarin et les statues de Louis XV et de Marie Leczinska. Le 13 juin 1850 il réclame le groupe de Persée et Andromède du Puget qui achève de se détruire au grand air dans le parc de Versailles. Le 17 octobre 1851, il vise le buste de

et d'Isis (n° 344) sortent de la même fabrique du xvie siècle? Il n'a pas fait rentrer le triomphe de Bacchus (n° 763) de la cour du Musée, sans doute parce qu'il considère ce bas-relief comme un pastiche moderne. M. de Rougé n'a-t-il pas déjà caché dans son magasin quelques monuments douteux qui pourraient servir à l'édification des amateurs et à la confusion des brocanteurs? Ces objets resteront-ils sur les inventaires des collections antiques et égyptienne de même que les objets cités plus haut qui, bien que placés depuis cinquante ans dans les galeries d'antiques et égyptienne, n'ont pas cessé d'exister sur mes inventaires.

Agréez, Monsieur le Directeur général, etc.

Louis XIV par le Bernin, pièce historique sans doute, mais dont la présence à Paris est exigée par sa valeur d'art[1]. Au Luxembourg, il demande comme contribution *Œdipe et Phorbas* (11 juin 1850), l'*Amitié*

[1]. *Lettre du Conservateur de la sculpture moderne au Directeur des Musées nationaux.*

17 octobre 1851.

Monsieur le Directeur général,

Les lenteurs administratives exigent que vous réclamiez longtemps à l'avance les monuments qui doivent concourir à l'achèvement des salles de la sculpture française, et les circonstances me conseillent de proposer les bonnes choses afin de n'en pas laisser l'honneur à mon successeur possible.

Je viens donc vous entretenir de deux statues qu'il est bon de demander pour le Musée du Louvre et du buste de Louis XIV, qui a sa place réservée dans la salle du Puget.

On voit, mais on ne regarde guère, dans le parterre du Luxembourg, une statue en marbre de grandeur naturelle qui représente une jeune

de Pietro Paolo Olivieri et l'épreuve en plomb du *Mercure* de Pigalle (17 octobre 1851). Saint-Cloud lui céderait utilement, à son gré, *Mercure et Psyché* d'Adrien de Vries, deux chiens de bronze

femme dont la main droite ouvre une large plaie qu'elle s'est faite sur le cœur. La pose et l'expression montrent le plus grand calme. Aussi, interprétant cette action singulière, a-t-on nommé cette statue l'*Amitié*. C'est une agréable et noble sculpture... faite dans l'École florentine de Fontainebleau... On remplacerait cette statue par la *Pudeur* de Jaley, de même proportion et de même pose, et elle viendrait prendre, dans la salle de Jean de Douai, la place du Nègre qui sera mis en face de la fenêtre au pendant de la Diane. Ce sera une nouvelle acquisition pour ce nouveau Musée.

L'autre statue est d'une époque plus rapprochée de nous et d'un genre différent. C'est le Mercure assis de Pigalle, épreuve en plomb de la statue qui fut tant admirée à Paris et qu'on voit au Musée de Berlin, etc.

Permettez-moi d'insister de nouveau et une

de l'ancienne fontaine de Diane de Fontainebleau (20 et 22 mai 1850), la *Poésie lyrique* d'Adam, la *Minerve assise* de L. Vassé et le petit *Narcisse* de Pigalle. Il convoite à Fontainebleau la cheminée

dernière fois pour que vous ne laissiez pas à un autre le mérite de placer le buste de Louis XIV par le Bernin, dans la salle du Puget. Notre grand artiste n'eut en Italie qu'un rival, le Bernin, et on vit encore en France sur la réputation que les Italiens ont faite à cet infatigable faiseur. N'est-il pas naturel, convenable, je dirai presque patriotique, d'exposer dans la salle du Puget, en présence de ses fortes conceptions, un buste tourmenté, une œuvre factice quoiqu'habile, surtout lorsque cette œuvre a été exécutée dans ce bâtiment même du Louvre et en rivalité des œuvres de nos sculpteurs dont le chevalier Bernin se moquait outrageusement? Louis XIV dominant les salles de Coyzevox, du Puget et des Coustou est en soi d'un très bon air et de toute justice.

Soyez persuadé qu'un jour ou l'autre cela sera fait parce que c'est logique et naturel, et, aussi

de Jacquet (31 octobre 1850 [1]) inscrite sur les inventaires du Louvre, et la *Nature* du Tribolo (21 mars 1851).

parce que, ce buste remplacé par un autre buste, personne, excepté M. Soulié, ne s'apercevra à Versailles du changement. Or, il vaudrait mieux en avoir l'honneur que de le laisser à d'autres.

Agréez, etc.

Le vœu du marquis de Laborde ne fut exaucé que pour la statue de l'*Amitié* de Pietro-Paolo Olivieri. La statue de Pigalle, en plomb, n'entra que beaucoup plus tard au Louvre, par les soins de M. Barbet de Jouy. Quant au buste du Bernin, il est toujours à Versailles.

1. Le 31 octobre 1850.

Monsieur le Directeur général,

Le sculpteur Jacquet dit Grenoble est à peine connu et il mérite de prendre une place dans nos galeries. Élève de J. Goujon, contemporain de Germain Pilon, il fut le sculpteur du roi Henri IV et très favorisé par ce prince qui lui confia l'exécution d'une grande cheminée

La lettre du marquis de Laborde, en date du 21 mars 1851, a nettement

pour la décoration des appartements de Fontainebleau. Les mémoires du temps et le Père Dan nous ont transmis l'admiration qu'excita cet ouvrage. L'arrangement d'une salle de spectacle nécessita plus tard sa démolition et l'architecte du roi Louis-Philippe, retrouvant ses fragments dans un magasin, en composa deux cheminées dans deux salles séparées. L'une de ces cheminées, complétée par le travail d'un marbrier moderne, peut être respectée malgré son mauvais goût, parce qu'elle forme un ensemble; l'autre n'a pas droit aux mêmes égards, puisqu'elle se compose uniquement du bas-relief ovale qui occupait le milieu de l'ancienne cheminée et qu'on a encastré dans le moellon de la muraille. Ce bas-relief représente Henri IV à cheval, de grandeur naturelle. Une seule fenêtre éclaire et éclaire mal cette chambre. Je vous prie de demander l'autorisation de faire mouler à la gélatine ce bas-relief afin de le remplacer par le plâtre teinté, qui, pour tous les visiteurs, fera absolument l'effet de l'original, tandis que nous aurons au Louvre, dans la salle des frères

posé les principes qui devront toujours présider à la formation et à l'enrichisse-

Auguier, un monument très curieux du sculpteur qui fut sinon leur maître, du moins, à certains égards, leur modèle.

2° Je désire remplacer le buste en marbre de Henri IV qui orne l'une des cheminées de Fontainebleau par un autre buste du même prince, également en marbre, par Barthélemy Prieur. La substitution sera à peine sensible et le Musée, qui a plusieurs œuvres capitales de Prieur, aura obtenu, par cet utile échange, un second morceau remarquable du sculpteur Jacquet.

3° Je vous prie de faire revenir à Paris, pour la placer dans la salle de la Renaissance, une statue de un mètre de hauteur, qui orne une niche dans un passage des grands appartements de Fontainebleau. Cette statue représente une figure en gaîne qui appartient à la Mythologie compliquée de la fin de l'empire romain, mythologie qui fut de mode aussi au XVI° siècle. Son mérite réside particulièrement dans le détail des ornements qui est exécuté avec la finesse et la grâce particulières aux artistes de

ment de la collection de sculptures modernes. La voici :

la Renaissance. Nous mettrons à la place un buste.

4° Clodion a conquis sa réputation populaire par ses terres cuites, mais il a exécuté plusieurs statues en marbre, et il est bon de le montrer au public comme sculpteur sérieux. Je lui ai réservé, dans la salle de Houdon, la place du petit Henri IV en argent qui a sa place marquée dans la salle des bijoux et je vous demande de faire transporter à Paris la statue de *Bacchante tenant son enfant sur son épaule* qui est placée dans le jardin de l'Orangerie à Fontainebleau. Cette statue est très gracieuse et a le mérite de présenter dans de grandes proportions quelques-unes des qualités que l'on recherche dans les petits ouvrages de Clodion. On aurait dû la retirer vingt ans plutôt, car le marbre se délite à l'air. Nous mettrons à la place une des trois statues antiques restaurées qu'on a placées dans les niches de la cour du Louvre et dont M. de Longpérier m'a donné la libre disposition.

Agréez, Monsieur le Directeur général, etc., etc.

Palais du Louvre, le 21 mars 1851.

Monsieur le Directeur général,

La détermination de M. le Ministre des Travaux publics de suivre aveuglément les avis de ses employés rendra impossible une sage distribution des objets d'art, car il est évident que chacun de ces agents, par amour propre et par une certaine passion de la propriété qui envahit le dépositaire lui-même, s'opposera aux concessions les plus raisonnables et, quand il s'agira de déplacer un objet d'art, une statue du Puget ou un buste de Bernin, conservateurs adjoints, régisseurs, architectes ne manqueront pas d'excellentes raisons pour prouver qu'il doit rester à la place qu'il occupe depuis longtemps. Quoi de plus naturel ! Connaissent-ils seulement vos projets ? Savent-ils qu'il s'agit de créer pour la première fois un Musée des chefs-d'œuvre de nos sculpteurs depuis l'origine de l'art en France jusqu'à nos jours, et, si même ils en étaient instruits, seraient-ils capables d'apprécier la grandeur de ce programme et de le mettre en balance avec le plaisir de montrer aux passants un objet qui, bien qu'il perde la moitié de sa valeur à être vu isolément, en gagne énormément à leurs yeux du moment qu'il ressort de leur autorité.

Il appartient à un juge plus éclairé, plus désintéressé surtout, de trancher ces questions, et, une fois que le principe de la formation d'un Musée de sculpture du moyen âge et de la Renaissance est accepté, de procéder au choix des monuments dont il se composera avec le discernement qui prescrit beaucoup de réserve dans le déplacement des objets d'art, mais avec la fermeté qui fait taire les petits intérêts de localité devant le grand intérêt du public studieux.

Ce juge naturel, c'est vous, Monsieur le Directeur général, puisque vous tenez autant à enrichir le Musée qu'à ne pas appauvrir les résidences, et je vous prie, dans la circonstance présente, de ne pas accepter les objections qu'on oppose à vos propositions. Ainsi une statue très délicate, appelée la *Nature* sur nos inventaires, peut offrir un spécimen précieux de cette Renaissance française qui produisit tant et dont si peu de chose s'est conservé. Cette statue, dont on ignore la destination première, a été placée par le roi Louis-Philippe dans un cabinet servant de passage où elle est à peine regardée par les visiteurs du château. Vous voulez la mettre sous les yeux des amateurs, à la portée des artistes qui travaillent tous les jours au Louvre et qui vont une fois en leur vie à Fontainebleau. On vous objecte que cette statue, étant depuis longtemps dans cette résidence, doit y rester. Belle raison ! La Diane antique, aussi, a été longtemps à Fontainebleau et à Versailles, et pourtant elle est fort bien au Louvre.

Henri IV fit exécuter à Fontainebleau une grande cheminée dont nous avons toute l'histoire dans les registres de ses dépenses. Nous savons que Jacquet en est l'auteur et le P. Dan s'est fait l'interprète de l'admiration qu'elle excita. Mais nous savons aussi que cette cheminée fut détruite lorsque le salon qu'elle ornait devint une salle de spectacle, et Louis-Philippe, n'en retrouvant en magasin qu'un petit nombre de fragments, fit exécuter par des praticiens une nouvelle cheminée dans laquelle entrèrent quelques débris de l'ancienne. Il plaça dans une niche formant le centre de la nouvelle disposition un buste de Henri IV qui, bien que sculpté par Jacquet, avait une autre destination, et il mit le grand bas-relief central dans une chambre voisine. Est-on bien venu à défendre l'intégrité d'un monument ainsi disloqué ? Vous demandez de remplacer ce buste de Jacquet par un buste du même prince sculpté par Prieur, un artiste contemporain de Henri IV, et à transporter à Paris le grand bas-relief en lui substituant un moulage en plâtre teinté qui fera l'effet de l'original, tant la salle est sombre, et distraite autant que banale l'attention des visiteurs. Opérez-vous des deux placements pour ôter à Fontainebleau deux objets d'art remarquables, non, sans doute? D'un côté, vous comblez le vide et, de l'autre, vous mettez sous les yeux du public, à la place chronologique, l'œuvre d'un artiste qui jouit dans son temps d'une grande réputation et dont nous n'avons pas un seul ouvrage.

Je n'ai pas d'autres observations à vous présenter ; car il est évident que l'*Orphée* et la *Poésie lyrique* ne seraient remplacés que par des statues qui conviendraient à la place. J'attends de M. le conservateur adjoint de Versailles la date du buste de la duchesse de Bourgogne, pour établir que ce n'est nullement une copie de la statue que nous avons placée dans la salle de Coyzevox.

Agréez, Monsieur le Directeur, etc.

LÉON DE LABORDE.

Enfin M. de Laborde s'adresse aux établissements publics qui détiennent, sans en profiter, des scupltures provenant du Musée des Monuments français. En s'installant dans le Musée des Petits Augustins, l'École des Beaux-Arts était devenue héritière, sans droit formel, de nombreux monuments qui avaient appartenu à ce musée. M. Duban s'était servi de quelques-uns d'entre eux pour décorer la seconde cour de l'école qu'il avait reconstruite. M. de Laborde protesta, dès le 29 octobre 1850, contre l'emploi abusif de ces monuments. Il revendiqua ensuite successivement, pour les salles du Louvre, le *Squelette du cimetière des Innocents* (25 novembre 1851), *Saint Paul et Melchisedec* (même date), *Deux enfants* attribués au Puget et probablement de Veyrier (25 novembre 1851), les bas-reliefs décorés de figures colossales venant du Louvre (26 novembre 1851[1]) et les morceaux de réception des sculpteurs académiciens du xviiie siècle (31 décembre 1851).

Voici, à ce propos, les deux lettres principales, adressées à la Direction des Musées nationaux :

Le 29 octobre 1850.

Monsieur le Directeur général,

La formation d'un Musée de sculpture du moyen âge et de la Renaissance exige des revendications qui, pour n'être pas toutes couronnées de succès, n'en doivent pas moins se continuer avec persévérance, parce qu'elles seront approuvées quand on verra, par l'ensemble de la nouvelle collection ce qu'elles ont produits. La réclamation que je vous propose de faire aujourd'hui sera sans aucun doute accueillie favorablement. J'en ai pour garantie, l'opinion même de M. Duban.

L'École des Beaux-Arts est devenue l'héritière de toutes les sculptures laissées par le Musée des Petits-Augustins quand les particuliers et le roi Louis XVIII eurent pris ce qui leur appartenait avec ce qui était à leur convenance. Longtemps l'Administration de

1. J'ai publié cette lettre dans le tome II d'*Alexandre Lenoir, son journal et le Musée des monuments français*, p. 139.

l'École a eu des velleités de former, en concurrence avec le Louvre, un Musée de sculpture. Mais, depuis, une opinion sage a prévalu, et il a été reconnu par le Conservatoire qu'une collection de plâtres de toutes les époques et des copies en marbre faites d'après l'antique étaient tout ce que l'École devait offrir à ses élèves de Paris. Il est donc resté, tant dans les cours que dans les magasins, une série très intéressante de sculptures qui devront prendre place dans les galeries du Louvre, les unes pour les soustraire à la pluie qui les dévore en plein air, les autres pour qu'elles profitent à l'étude après quarante-cinq ans de séjour dans l'obscurité des caves.

Je diviserai ces morceaux de sculpture en trois classes :

1º Les sculptures qui appartiennent à des monuments dont le roi Louis XVIII a placé au Louvre le morceau principal et qu'on a eu tort alors de ne pas réclamer. Ces fragments nous sont indispensables aujourd'hui que le public, plus instruit, sait par des publications populaires comment se présentaient originairement des monuments que nous lui offrirons mutilés, tandis que l'État est propriétaire du monument complet;

2º Les morceaux de sculpture qui ont, sous le rapport de l'art et pour les études archéologiques un véritable intérêt;

3º Les morceaux d'une moindre importance dont on peut ajourner ou abandonner la revendication.

Je vous prie instamment, Monsieur le Directeur, de réclamer les statues et bas-reliefs compris dans les deux premières catégories. Nous offrirons, en échange, à l'École des Beaux-Arts : Les plâtres qu'elle ne possède pas; les plâtres de Thorwaldsen achetés par M. Charles Blanc et plusieurs fragments d'architecture ornée de l'époque de la Renaissance; l'un d'entre eux pourra remplacer le sarcophage de Ph. de Commines dans la cour de l'École des Beaux-Arts.

J'aurais voulu préciser plus exactement le style et la composition des morceaux de sculpture que je vous signale, mais ils sont dans un magasin très sombre, entassés et souvent renversés. Je ne les ai examinés qu'en passant et pour ainsi dire à la dérobée (n'y étant pas autorisé). Il m'est impossible de les mieux décrire ; mais le peu que j'en dis suffira pour les distinguer, et, quant au genre de mérite et au degré d'importance qu'ils peuvent avoir, j'affirme qu'ils seront pour le public studieux un nouveau et intéressant sujet d'étude, surtout, lorsqu'exposés dans l'ordre chronologique que vous avez adopté, ils recevront des monuments qui leur seront associés et de l'éclat du Louvre, une nouvelle importance.

Une réclamation directe adressée au Conservatoire de l'École aurait toute chance de succès, si la saine raison était la seule conseillère de MM. les professeurs ; mais l'esprit de corps et l'amour de la propriété, de cete propriété même dont on ne jouit pas et dont on ne saurait faire jouir les autres, pourraient bien produire un refus plus ou moins mal motivé. Je crois donc que vous agirez plus efficacement en exposant les faits au ministre de l'Intérieur et en lui demandant, soit de juger lui-même, soit de nommer une commission qui examinera : 1º si le Palais des Beaux-Arts doit former un Musée de sculpture en concurrence avec le Louvre; — 2º si des fragments précieux pour l'histoire de l'art doivent être les uns exposés à l'humidité de l'air qui les dévore et les autres enfouis, tandis que l'État possède dans le Louvre les monuments qu'ils compléteront et un local splendide pour les offrir à l'étude.

Agréez, Monsieur le Directeur, etc.

Léon DE LABORDE.

Annexe à la lettre du 29 octobre 1850.

Liste des morceaux de sculpture du moyen âge et de la Renaissance qui doivent être réclamés du Conservatoire de l'École des Beaux-Arts.

1º Fragments qui complètent les monuments déjà placés au Louvre :

I. — Nous avons la riche colonne funèbre qui fut érigée en l'honneur de Timoléon de Cossé. Sur son piédestal, deux places vides attendent les génies funèbres qui la décoraient et que l'on a placés des deux côtés de la fontaine dans le fond du jardin de l'École.

II. — Le monument du Pont-au-change, exécuté par Guillain, se composait dans l'origine de trois figures en bronze et d'un grand bas-relief en pierre de liais. Nous avons les trois figures (Anne d'Autriche, Louis XIII et Louis XIV). Nous réclamons le bas-relief qui les relie et complète le monument tel qu'il est représenté dans toutes les histoires de Paris et tel qu'il existait encore avant la Révolution de 1793.

III. — Nous possédons, du monument funéraire de de Thou, la statue de l'historien et celle de ses deux femmes ; mais le bas-relief en bronze nous manque, et, à la hauteur où il est encastré dans le mur, au fond du jardin de l'École, il est impossible d'apprécier son mérite. M. Alexandre Lenoir, qui l'avait vu de près, nous dit, dans son ouvrage, que c'est le chef-d'œuvre d'Anguier. Le sujet fait allusion aux études historiques de l'écrivain.

IV. — Le tombeau de Philippe de Commines, de sa femme et de sa fille, était placé dans une chapelle entièrement sculptée et dont les fragments ont été encastrés avec art, par M. Duban, dans les murs de l'hémicycle, mêlés aux fragments presque contemporains du château de Gaillon. Je respecte cet arrangement. Mais nous avons au Louvre les statues de Philippe de Commines et de sa femme qui étaient posées à genoux sur un sarcophage richement sculpté, avec leur devise et leurs armes et ce sarcophage est également placé dans cette cour. Je demande qu'on nous le rende. Rien ne sera plus facile que de combler le vide qu'il laissera. M. Duban reconnait la justice de cette réclamation.

2º Morceaux de sculpture intéressant sous le rapport de l'art et qui sont cachés dans les caves de l'École des Beaux-Arts ou qui se détériorent à l'air :

I. — Une statue debout, de grandeur naturelle, en pierre de liais; Roi de Juda appelé Childebert par M. Alexandre Lenoir, sculpture coloriée de la fin du xiiie siècle provenant de Saint-Germain-des-Prés;

II. — Deux génies funèbres s'appuyant sur des torches renversées, en marbre, école de G. Pilon;

III. — Quatre figures accouplées en deux groupes sculptés par G. Pilon, demi-nature. Elles formaient primitivement les angles d'une chaire à prêcher dans l'église des Grands-Augustins et séparaient trois bas-reliefs que le Musée du Louvre possède;

IV. — Bas-relief provenant du tombeau de Jacques de Coyn, marchand drapier, de Paris en 1522 (1 pied de haut sur 2 pieds et demi de large);

V. — Plusieurs pilastres et pierres de revêtement d'une chapelle. Ils sont incrustés de marbres noirs et d'albâtre sculpté en bas-relief, excellent travail italien de la première moitié du xvie siècle;

VI. — Une Mise au tombeau ou Pietà. Sur

le premier plan un évêque à genoux (le donateur). Sculpture française peinte et dorée vers 1520. (Trois pieds de haut sur cinq de long.);

VII. — Un portement de croix en pierre de liais (3 pieds de long sur 2 de hauteur);

VIII. — Le Christ au Jardin des Olives en albâtre. Travail du xvie siècle (2 pieds de hauteur sur 1 pied et demi de largeur).

3º Morceaux dont on peut ajourner la revendication :

Les quatre grandes figures de la façade du Louvre;

Les grandes plaques funéraires du xiiie au xve siècle;

Le squelette en bronze attribué sans raison à G. Pilon;

Le squelette ou cadavre couché [1];

---

[1]. J'ai établi que c'était une figure destinée au tombeau des Valois et exécutée par Girolamo della Robbia. Voyez *Alexandre Lenoir, son journal et le Musée des monuments français*, tome II, p. 160 à 166.

Le bas-relief représentant une réparation publique.

Seconde lettre sur le même sujet :

Le 31 décembre 1850.

Monsieur le Directeur général,

Je regrette de revenir à la charge dans un genre de réclamation qu'il eut été plus habile et plus logique de faire en une fois, mais la forme que je suis obligé de donner à mes investigations ne me permet pas de les rendre complètes. C'est un peu par la surprise et beaucoup par le hasard que je suis arrivé à savoir ce que possède l'Ecole des Beaux-Arts et, dernièrement, en y montant la garde, j'ai trouvé dans un coin un monument du xvie siècle, de 0^{m}40 de haut sur 1 mètre 50 de long, qui est tout à fait digne de figurer dans les salles du Louvre. Les figures des évangélistes en relief très saillant qui ornent des niches m'ont paru d'un excellent caractère et appartenir à la sculpture française de la deuxième moitié du xvie siècle. Je vous prie de réclamer ce monument dont les morceaux gissent dans un coin de l'église de la salle du jugement dernier.

Agréez, etc.

Le 10 décembre 1850, la Sainte-Chapelle du Palais fut désignée comme possédant des figures d'apôtres dont Lassus n'avait pas l'intention de profiter dans sa restauration. Ces figures finirent par être données au Musée de Cluny qui, alors, n'était pas, comme il l'est aujourd'hui dans les intentions administratives, exclusivement consacré aux objets mobiliers.

Au cours de ces réclamations isolées, le Directeur général des Musées nationaux, à l'instigation du marquis de Laborde, avait écrit au Ministre de l'Intérieur une lettre où la doctrine du savant conservateur des collections du moyen âge et de la Renaissance est exposée et qui mérite aussi d'être reproduite, bien que, sur certains points, elle fasse dans les termes double emploi. Car il importe beaucoup de prouver que le sentiment du marquis de Laborde fut absolument partagé par l'Administration supépérieure et que son opinion fut ratifiée et endossée par le Gouvernement.

Paris, le 27 novembre 1850.

« Monsieur le Ministre,

« La formation d'un Musée de sculpture du moyen âge et de la Renaissance exige des revendications et des réclamations qui, je ne crains pas de le dire, seront approuvées quand le public pourra juger de leur opportunité par l'ensemble de la nouvelle collection.

« Ces revendications et ces réclamations s'adressent soit à l'administration des Palais nationaux, soit à celle de l'Ecole des Beaux-

Arts, et, de l'accueil qui leur sera fait, dépend l'organisation complète et chronologique de l'histoire de l'art pendant la période du moyen âge et de la Renaissance, c'est-à-dire pendant l'époque la plus intéressante pour l'art français.

« Je viens, en conséquence, Monsieur le Ministre, vous demander de vouloir bien autoriser les mouvements que je vais avoir l'honneur de vous proposer et qui sont tous destinés à ajouter de nouvelles richesses au Musée du Louvre, à compléter l'histoire de la sculpture française par les œuvres de ses maîtres les plus remarquables.

« L'École des Beaux-Arts est devenue l'héritière des sculptures laissées par le Musée des Petits-Augustins après sa destruction. Longtemps l'administration de l'école a eu des velléités de former, en concurrence avec le Louvre, un Musée de sculpture ; mais depuis peu une opinion plus sage a prévalu et il a été reconnu par le Conservatoire qu'une collection de plâtres de toutes les époques et des copies en marbre faites d'après l'antique par les élèves de Rome étaient tout ce que l'École devait offrir à ses élèves de Paris.

« Il est donc resté, tant dans les cours que dans les magasins, une série très intéressante de sculptures qui devront prendre place dans les galeries du Louvre, les unes pour les soustraire à la pluie qui les dévore, les autres pour qu'elles profitent à l'étude, après trente-cinq années de séjour dans l'obscurité des caves.

Je réclamerai, en première ligne, les fragments qui complètent les monuments déjà en partie transportés au Louvre.

« 1º Les deux génies funèbres qui décoraient la colonne élevée à Timoléon de Cossé et que l'on a relégués des deux côtés de la fontaine dans le fonds du jardin de l'École.

2. Le bas-relief en pierre de liais du monument du Pont au Change, exécuté par Guillain. Le Louvre possède déjà les statues.

« 3º Le bas-relief en bronze du monument funéraire de l'historien de Thou. La statue de cet homme célèbre et celles de ses deux femmes n'attendent plus que ce bas-relief pour compléter le monument.

« 4° Le tombeau de Philippe de Commines, de sa femme et de sa fille, jadis placé dans une chapelle entièrement sculptée dont les fragments ont été encastrés avec art par M. Duban, dans les murs de l'hémicycle, mêlés aux fragments presque contemporains du château de Gaillon. Je respecte cet arrangement ; mais nous avons au Louvre les statues de Philippe de Commines et de sa femme qui étaient posées à genoux sur un sarcophage richement sculpté avec leur devise et leurs armes. Ce sarcophage est exposé dans la cour de l'École. Je vous demande, Monsieur le Ministre, d'autoriser son trans,port au Louvre. Rien ne sera plus facile que de combler le vide qu'il laissera. M. Duban reconnaît la justice de cette réclamation.

« Après ces premiers monuments exposés dans la cour ou le jardin de l'École des Beaux-Arts aux intempéries des saisons, je réclamerai encore, Monsieur le Ministre, plusieurs sculptures intéressantes sous le rapport de l'art et qui sont cachées dans les caves de l'École ou qui se détériorent à l'air.

« 1º Une statue debout, de grandeur naturelle en pierre de liais, roi de Juda appelé Childebert par M. Alexandre Lenoir; sculpture coloriée de la fin du XIIIᵉ siècle provenant de Saint-Germain-des-Prés;

« 2º Deux génies funèbres, s'appuyant sur des torches renversées (marbre). École de Germain Pilon;

« 3º Quatre figures accouplées en deux groupes, sculptées par Germain Pilon, demi-nature. Elles formaient primitivement les angles d'une chaire à prêcher dans l'Église des Grands Augustins et séparaient trois bas-reliefs que le Musée du Louvre possède;

4º Un bas relief provenant du tombeau de Jacques de Coyn ;

« 5º Plusieurs pilastres et pierres de revêtement d'une chapelle. Ils sont incrustés de marbre noir et d'albâtre sculptés en bas relief. Excellent travail italien de la première moitié du xvi⁰ siècle ;

« 6° Une Mise au tombeau ou *Pietà*, sculpture française peinte et dorée, vers 1520;

« 7° Un Portement de croix en pierre de liais ;

« 8° Le Christ au jardin des Oliviers, en albâtre, travail du xvi⁰ siècle.

« J'ai également l'honneur de vous rappeler, Monsieur le Ministre, que j'ai déjà demandé l'autorisation de faire revenir des jardins de Saint-Cloud la statue de la *Poésie lyrique* par S. Adam, ainsi que la *Minerve assise* de L. Vassé et le petit *Narcisse* de Pigalle. »

Toutes ces réclamations intéressent au plus haut point l'organisation de nos salles de la sculpture du moyen âge et de la Renaissance. Toutes ont pour objet des sculptures ou des parties de monuments dont la place est marquée au Louvre.

Le Louvre est la grande école centrale ouverte à tous les travailleurs, à tous les amateurs. Cette école doit donc réunir tous les monuments, toutes les sculptures sans destination spéciale qui marquent une des phases de l'histoire de l'art.

A ce titre, je réclamerai encore du château de Fontainebleau : 1º Un bas-relief d'Henri IV à cheval, de grandeur naturelle, placé dans une salle mal éclairée et qui provient d'une ancienne cheminée dont on a disposé les sculptures de manière à faire plusieurs cheminées avec une seule. Ce bas-relief, moulé et teinté en bronze, ferait, à Fontainebleau, absolument l'effet de l'original, tandis que nous aurions au Louvre une œuvre du sculpteur Jacquet, élève de Jean Goujon ;

2º Un buste en marbre de Henri IV qui orne l'une des cheminées de Fontainebleau et que je remplacerai par un autre buste du même prince, également en marbre et sculpté par Prieur. La substitution sera à peine sensible et le musée qui a plusieurs œuvres capitales de Prieur, aura obtenu, par cet utile échange, un second morceau remarquable du sculpteur Jacquet ;

3º Une figure en gaine, placée dans une niche du passage des grands appartements. Je la remplacerai par un buste.

4º Une statue de Bacchante tenant son enfant sur son épaule. Elle est reléguée dans le jardin de l'Orangerie. Cette gracieuse statue en marbre, due au ciseau de Clodion, aurait dû être retirée vingt ans plus tôt, car le marbre se délite à l'air.

Permettez-moi d'insister, Monsieur le Ministre, pour obtenir le transport au Louvre des divers monuments ou sculptures dont je vous ai donné la liste, dans l'intérêt du Musée, dans l'intérêt des monuments eux-mêmes. Cette mesure est urgente; elle est nécessaire; elle sera approuvée par tous ceux qui s'intéressent réellement à l'art.

Agréez, Monsieur le Ministre, l'expression de ma haute considération.

Le Directeur général des Musées.

Pendant que ces intelligentes revendications se produisaient et que les salles du Louvre se remplissaient lentement et péniblement de chefs-d'œuvre, un nouveau malheur, celui-là irréparable, vint frapper, en 1854, le Musée de la sculpture moderne. Son habile organisateur lui fut enlevé pour la seconde fois. La tenace et sourde animosité de la pédagogie classique, tenue près de quatre ans en échec par les incessants efforts du vaillant érudit, finit pourtant par avoir le dessus. Réunis par des intérêts communs, les *magisters* attardés de l'école de David et les bureaucrates avisés, candidats aux honneurs académiques, se coalisèrent. Le marquis de Laborde s'était condamné par son attitude et avait attiré la foudre sur sa tête. Il devait disparaître du Louvre, coupable d'avoir inauguré *officiellement* dans le domaine de la sculpture une action parallèle à celle de Viollet-le-Duc en architecture. La haine grandissait de l'impuissance où l'on se trouvait vis-à-vis de ce nouvel adversaire ; on n'avait aucune prise, sur lui car, sans parler de la noblesse et la fierté de son caractère inaccessibles à la crainte où à l'ambition, il était membre de l'Institut. L'histoire de Venise et la science de Machiavel nous enseignent qu'on ne gêne pas impunément certaines puissances. L'Académie des Beaux-Arts fût délivrée, le plus naturellement du monde, du cauchemar que lui causait la formation au Louvre dans « le sanctuaire des arts », d'un Musée d'art national français entre quelques lourdes stèles gallo-romaines et les chefs-d'œuvre académiques de Dupaty. Il fallut que les déboires dont on abreuva le marquis de Laborde fussent bien amers pour l'obliger à abandonner une œuvre qu'il avait tant à cœur de mener à bonne fin. Toujours est-il qu'il se retira et alla porter aux Archives nationales le concours précieux de son activité et de sa science. On va voir, d'après un document contemporain, ce que Léon de Laborde laissait derrière lui, au rez-de-chaussée du Louvre, dans les salles de sculpture du moyen âge, de la Renaissance et des temps modernes. Elle était bien belle déjà la fille spirituelle de Léon de Laborde! Toutes les manœuvres abortives n'avaient pas réussi.

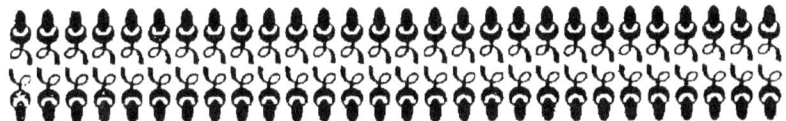

TABLEAU DES SALLES DE LA SCULPTURE

DE LA

RENAISSANCE ET DES TEMPS MODERNES

AVEC LA DÉSIGNATION

DES OBJETS QU'ELLES CONTIENNENT

SALLE DE MICHEL COLOMBE

Michel Colombe. — Saint-Georges. Bas-relief, marbre, MR. 1645.

De Mugiano. — Louis XII. Statue en marbre, MR. 1687.

— Tombeau de Commines, LP. 47. et d'Hélène de Chambes, sa femme (pierre), LP. 449 [1].

---

1. Voyez, sur ce tombeau, *La part de l'art italien dans quelques monuments de sculpture de*

— Pleureur. Statuette, école de Claux Sluter.

— Louis Poncher.

— Roberte Legendre.

— Le sarcophage du tombeau de Ph. de Commines, MN. 90.

SALLE DE JEAN DE DOUAI

Jean de Bologne. — L'enlèvement d'une Sabine. Petit groupe en bronze, MR. 1667.

Jean de Bologne. — Mercure.

Michel-Ange. — Deux statues d'esclaves, MR. 1589, 1590 [1].

— Moïse. Réduction en terre cuite d'après Michel-Ange, MN. 22.

---

la première Renaissance française. Paris 1885, in-8°, p. 26 à 33 ; *Alexandre Lenoir, son journal et le Musée des monuments français,* tome II, p. 64 à 71 et tome III, p. 259 à 266.

1. Sur l'entrée de ces statues au Louvre, voyez *Alexandre Lenoir, son journal et le Musée des monuments français,* tome I, p. 8, 9, 146, et tome II, pages 246 à 248.

Benvenuto Cellini. — Nymphe de Fontainebleau, MR. 1706 [1].

— Coupe en bronze, MR. 1719.

— Coupe en bronze, MR. 1720.

Jean Cousin (*sic*). — Buste de François Ier, MR. 1686.

Daniel de Volterre (*sic*). — La Mise au tombeau. Bas-relief en pierre, LP. 42.

— Génie de l'Étude, MR. 1585.

Albert Durer (*sic*). — Nativité. Bas-relief en pierre, MR. 1730.

Romano (Paolo) (*sic*). — Malatesta. Bas-relief en marbre blanc, MR. 1646 [2].

Buste supposé de Gorewood, MN. 11.

---

1. Sur la provenance de ce monument, voyez *Alexandre Lenoir, son journal et le Musée des monuments français*, tome I, p. cxxix, cxxx et cxxxi.

2. Sur la fausse attribution de cette sculpture à Paolo Romano et sur sa provenance, voyez *Alexandre Lenoir, son journal et le Musée des monuments français*, tome III, p. 142 à 157.

Figure d'homme à genoux, costume allemand du xvie siècle. Bas-relief, chaux carbonatée lithoïde, MN. 14.

Figure de femme à genoux, costume allemand du xvie siècle. Bas-relief, chaux carbonatée lithoïde, MN. 15.

Desiderio da Settignano (*sic*). — Béatrix d'Este. Buste en marbre, MN. 10[1].

Schillinck. — Cinq fragments d'un monument funéraire, MN. 101.

— Armoiries allemandes. Pierre calcaire, MN. 120.

Lucca della Robbia (*sic*). — Vierge et enfant Jésus. Médaillon, LP. 3410.

Della Robbia. — Vierge et enfant Jésus. Statue en terre cuite émaillée, MN. 25.

Della Robbia. — Un Martyr. Statue en terre cuite émaillée, MN. 96.

Della Robbia. — La Vierge et l'enfant

---

1. Sur la provenance de ce marbre et sa fausse attribution, voyez *Alexandre Lenoir, son journal et le Musée des monuments français*, tome III, p. 326 à 343.

Jésus. Bas-relief, en terre cuite, CC 98.

Della Robbia. — Buste de femme voilée. Terre émaillée, LP. 2876.

Andrea della Robbia (sic). — Jésus et le Lépreux. Terre émaillée, MN. 26.

Jérôme della Robbia (sic). — Médaillon. Terre émaillée, provenant de Saint-Germain[1].

---

1. Sur ce médaillon et les trois suivants, décrits et gravés dans le *Musée des monumens français ou description historique et chronologique, etc.*, par Alexandre Lenoir, tome III, n° 455 *bis*, p. 125 et 126, voyez la *Description des sculptures du moyen âge, de la Renaissance et des temps modernes* par Henry Barbet de Jouy, 1873, p. 9 et 10, n°ˢ 7, 8, 9, 10. La provenance du château de Saint-Germain est bien certaine comme en fait foi le document suivant : « Paris, 25 brumaire an 10. — Alexandre Lenoir au Ministre de l'intérieur. — Citoyen ministre, j'ai l'honneur de vous annoncer que conformément à votre lettre en date du 4 de ce mois, je me suis transporté dans le château de Saint-Germain-en-Laye pour y prendre connaissance des petits médaillons en forme de mosaïque qui décorent

Jérôme della Robbia. — Médaillon. Terre émaillée.

Jérôme della Robbia. — Médaillon. Terre émaillée.

Jérôme della Robbia. — Médaillon. Terre émaillée.

Michel-Ange. — Figure du tombeau des Médicis. Bronze.

— Figure du tombeau des Médicis. Bronze.

la première cour de ce château bâti par François Ier. Il résulte de cet examen que ce ne sont point des mosaïques, mais des terres cuites, les unes en forme saillante à la manière du bas-relief et les autres en forme de simples tableaux, l'une et l'autre sont enduites d'une couverte à la manière des terres de Palissy que vous connaissés. Ces morceaux m'ayant paru dignes d'entrer dans la collection du Musée que je dirige, conformément à votre intention j'ai fait enlever quatre de ces médaillons les mieux conservés que j'ai fait de suite placer dans la salle du xvie siècle où vous les verrés plus facilement lorsque vous me ferés l'honneur de visiter mon établissement. Salut et respect. — Lenoir.

— Figure du tombeau des Médicis. Bronze.

— Figure du tombeau des Médicis. Bronze.

Pietro Olivieri. — L'Amitié. Statue en marbre.

— Triomphe de Maximilien II. Bas-relief, bois, MR. 1740.

— Crucifiement. Bas-relief, bronze.

— Buste en marbre, fin du xve siècle. Figure d'homme.

— Buste en marbre, fin du xve siècle. Figure de femme.

— La Vierge et l'enfant Jésus. Bas-relief, albâtre. MN. 139.

— Nègre. Ouvrage de la Renaissance.

— Diane. Ouvrage de la Renaissance.

— La Vierge et l'enfant Jésus. Travail italien du xve siècle, bas-relief [1].

— Portrait de Louis V, le pacifique. Bas-relief.

1. C'est une Vierge en marbre, aujourd'hui dans la salle VI donnant sur le jardin de l'Infante.

SALLE DE JEAN GOUJON

Jean Goujon. Diane, groupe. Marbre, MR. 1581 [1].

Jean Goujon. — Mise au tombeau. Bas-relief en pierre de liais, MR. 1731.

Jean Goujon. — Saint-Jean l'évangéliste. Bas-relief en pierre, MN. 16.

Jean Goujon. — Saint-Luc, MN. 17.

Jean Goujon. — Saint-Marc, MN. 18.

Jean Goujon. — Saint-Mathieu, MN. 19.

Jean Goujon. — Triton et Néréide. Bas-relief en pierre, MR. 1738.

Jean Goujon. — Nymphe et Génie montés sur un cheval marin, MR. 1737.

Jean Goujon. — Nymphe couchée dans une coquille, MR. 1736.

Jean Goujon (sic). — Vénus marine. Petit bas-relief, MR. 1732.

---

1. Sur l'état dans lequel ce groupe entra au Musée des Petits Augustins, voyez *Alexandre Lenoir, son journal et le Musée des monuments français*, tome I, p. CXLI et 136.

Jean Goujon (sic). — Vénus marine. Petit bas-relief, MR. 1733.

Jean Goujon (sic). — Vénus marine. Petit bas-relief. MR. 1734.

Jean Goujon (sic). — Vénus marine. Petit bas-relief. MR. 1735.

Jean Goujon (sic). — Le Réveil, allégorie, bas-relief en marbre, LP. 392.

Jean Cousin (sic). — Ph. Chabot. Statue à demi-couchée, MR. 1579 [1].

Jean Cousin. — Génie funèbre du tombeau de Chabot, MN. 91.

Jean Cousin. — Génie funèbre du tombeau de Chabot, MN. 92.

Jean Cousin (sic). — Charles-Quint, médaillon en bronze, LP. 45.

Germain Pilon. — René de Birague. Statue en bronze, LP. 396 [2].

---

1. Sur ce monument, voyez *Alexandre Lenoir, son journal et le Musée des monuments français*, tome II, p. 166 à 187.
2. Sur la chapelle de Birague à Sainte-Catherine du Val des Écoliers, qui contenait également

Germain Pilon. — Valentine Balbiano. Statue à demi-couchée, LP. 397.

Germain Pilon. — Valentine Balbiano. Bas-relief anatomique, MR. 1643.

Germain Pilon. — Cheminée de Villeroy, MR. 1657.

Germain Pilon. — Les Trois Grâces, MR. 1591.

Germain Pilon. — Descente de Croix. Bas-relief en bronze, LP. 44.

Germain Pilon. — Buste de Henri II, MR. 1635.

Germain Pilon. — Buste de Charles IX, MR. 1634.

Germain Pilon. — Buste de Henri III, MR. 1636 [1].

Germain Pilon. — Groupe d'anges qui

---

les deux articles suivants, voyez *Alexandre Lenoir, son journal et le Musée des monuments français,* p. 266 à 281.

1. Sur ces trois bustes, voyez *Alexandre Lenoir, son journal et le Musée des monuments français,* tome III, p. 107 à 114.

formait l'angle de la chaire des Augustins, MN. 88 et 89 [1].

Germain Pilon. — Buste d'enfant.

Germain Pilon. — Quatre figures de la châsse de Sainte Geneviève.

Prieur. — Colonne de Montmorency, MR. 1658.

Prieur. — La Paix. Statue de bronze, MR. 1683.

Prieur. — La Justice. Statue en bronze, MR. 1682.

Prieur. — L'Abondance. Statue en bronze, MR. 1681.

Prieur. — Figure couchée en bronze, MR. 1684.

Prieur. — Figure couchée en bronze, MR. 1685.

Paul Ponce Trebatti. — Albert Pio de Carpi, statue couchée. Bronze, MR. 1680.

---

[1]. Voyez *Alexandre Lenoir, son journal et le Musée des monuments français*, tome III, p. 447 à 452.

Paul Ponce (sic). — Buste d'Olivier d'Ormesson [1].

— Loth et ses filles. Bas-relief en albâtre.

— Médaillon en bronze de Ph. Desportes, MR. 1708 [2].

— Vasque arabesque du château de Gaillon, MR. 1660 [3].

— Médaillon en bronze de Philibert Delorme, MR. 1707.

---

1. Sur la fausse attribution de ce buste qui représente Jean d'Alesso, voyez *Alexandre Lenoir, son journal et le Musée des monuments français*, tome III, p. 190 à 204.

2. Pour connaître le monument de Desportes dans son ensemble et dans les parties conservées au Louvre, voyez *Alexandre Lenoir, son journal et le Musée des monuments français*, tome III, p. 397, 398, 400.

3. Sur cette pièce conférez : *La Part de l'art italien dans la sculpture de la première Renaissance française* p. 7 et *Alexandre Lenoir, son journal et le Musée des monuments français*, tome II, p. 74 à 99.

Ponce Jacquio (*sic*). — Blondel. Bas-relief en bronze, MR. 1710.

Ponce Jacquio (*sic*). — Maigné. Statue en pierre.

Pierre Jacques (*sic*). — Tête d'Hercule. Médaillon en terre cuite, MN. 81.

Ligier Richier. — L'enfant Jésus. Pierre de liais, MN. 147.

Jean Cousin (*sic*). — Le comte de Larochefoucaud (*sic*). Bas-relief en marbre.

— Colonne de Timoléon de Cossé, MR. 1659.

SALLE DES ANGUIER

Anguier (François). — Obélisque de la famille de Longueville, MR. 3101.

— La Justice. Statue, MR. 1750.

— La Prudence. Statue, MR. 1751.

— La Tempérance. Statue, MR. 1752.

— La Force. Statue, MR. 1749.

Anguier (François). — L'abondance, bas-relief en marbre blanc, MR. 2667.

— La Force. Bas-relief en marbre blanc, 2670.

— La Justice. Bas-relief en marbre blanc, MR. 2671.

— La Prudence. — Bas-relief en marbre blanc, MR. 2672.

Anguier (François). — Auguste de Thou : buste marbre blanc et rouge MR. 2116.

Anguier (Michel). — De Souvré Courtenvaux, groupe marbre, LP. 550.

Anguier (Michel). — Colbert. Buste en marbre blanc. MR. 2115.

Prieur (Barthélemy). — Statue couchée d'Anne de Montmorency. LP. 445.

Prieur (Barthélemy). — Statue couchée de Madeleine de Savoie, LP. 446.

Prieur (Barthélemy). — Statue à genoux d'Auguste (sic) de Thou, LP. 404 [1].

Prieur (Barthélemy sic). — Henri IV. Buste en marbre, MR. 1637.

Guillain (Simon). — Statue en bronze d'Anne d'Autriche, MP. 3230.

Guillain (Simon). — Statue en bronze de Louis XIII, MR. 3231.

Guillain (Simon). — Statue en bronze de Louis XIV enfant, MR. 3232.

1. Sur le tombeau de Jacques Auguste de

Guillain (Simon). — Bas-relief en pierre de liais ; Trophées et captifs, MN. 87.

Francheville. — Orphée, statue marbre. MR. 1858.

Francheville (sic). — Buste en marbre de Jean de Bologne, MR. 1688 [1].

— Bataille d'Ivry, bas-relief en marbre blanc, MR. 1639.

Jacques Sarrazin. — Bas-relief consacré à la mémoire d'Hennequin, LP. 569.

— Statue à genoux de Charlotte de La Trémoille, LP. 408.

Varin (d'après). — Louis XIII. Buste en bronze. LP. 32 [2].

Thou et de ses deux femmes, voyez *Alexandre Lenoir, son journal et le Musée des monuments français*, tome II, p. 139 à 146.

1. Sur cette sculpture qui n'est pas de Francheville, voyez *Alexandre Lenoir, son journal et le Musée des monuments français*, tome III, p. 131 à 142.

2. Sur ce monument, voyez *Jean Warin, ses œuvres de sculpture et le buste de Louis XIII du Musée du Louvre*, 1881, in-8º.

— Le Saint-Esprit descendant sur les Apôtres, LP. 43.

— De Serres à genoux devant une Piéta (Pierre). MN. 85.

— Louis de Bourbon. (Buste en bronze) [1].

Guillaume Dupré. — Médaillon de Brulard de Sillery.

Jacques Sarrazin (*sic*). — Buste de Pierre Séguier [2].

— Saint Pierre. Statuette.

— Sainte Madeleine. Statuette.

— Génie. Petit bas-relief allégorique, marbre, MR. 2749.

— Le même. MR. 2750.

— Le même. MR. 2751.

---

1. Sur ce portrait de Condé par Coyzevox, voyez *Alexandre Lenoir, son journal et le Musée des monuments français*, tome III, p. 52 à 55.

2. Voyez sur ce monument et sa fausse attribution, *Alexandre Lenoir, son journal et le Musée des monuments français*, tome III, p. 55 à 73.

— Le même. MR. 2752.

Une gloire portant une palme [1].

SALLE DE FRANCHEVILLE.

Francheville. — David. Statue en marbre, MR. 1580.

Francheville. — Esclave du piédestal de la statue de Henri IV, MR. 1668.

— Le même. MR. 1669.

— Le même. MR. 1670.

— Le même. MR. 1671.

Francheville. — Buste en bronze de Martin Fréminet, MR. 1689.

G. et B. Marsy (sic). — Deux prisonniers sculptés pour le tombeau du roi Casimir, MR. 1592 1593 [2].

— Buste colossal en bronze imité de l'Antique.

---

1. Ces cinq derniers objets sont des fragments de la cheminée de Jacquet à Fontainebleau.

2. Voir, sur cette attribution erronée, *Alexandre Lenoir, son journal et le Musée des monuments français*, tome III, p. 115 à 131.

— La Renommée (xviie siècle). Figure en bronze.

— Saint-Sébastien, statue en bronze doré.

— Fragments de la statue équestre de Henri IV.

Salle de Coyzevox.

Coyzevox (Antoine). — Louis XIV, statue à genoux, marbre, LP. 415.

Coyzevox. — La Duchesse de Bourgogne. Statue marbre. MR. 2157.

Coyzevox. — Mausolée du cardinal Mazarin. LP. 548.

Coyzevox (*sic*). — Buste en marbre du cardinal Mazarin. MR. 2164.

Coyzevox (*sic*). — Buste du cardinal de Richelieu, MR. 2165.

Coyzevox (*sic*). — Buste du marquis de Louvois. MR. 2163 [1].

---

[1]. Le buste du marquis de Louvois possédé autrefois par l'Académie de peinture et sculpture était une copie d'un buste original de Girardon (Guérin, *Description de l'Académie*, 1715, p. 50).

Coyzevox. — Buste de Bossuet. MR. 2155.

Coyzevox. — Buste de Fénelon. MR. 2160.

Coyzevox. — Buste de Charles Lebrun. MR. 2156.

Coyzevox. — Buste de Marie Serre, LP. 502.

Coyzevox. — Buste de Coyzevox. MR. 2159.

Coyzevox. — Buste de Mignard [1].

Desjardins (Martin). — Hercule couronné par la Gloire. Bas-relief. MR. 2683.

Claude Poirier. — La Peinture unie à la Sculpture. Bas-relief. MR. 2775.

— Apollon présente à la France le médaillon de Louis XIV. Bas-relief. 2735.

— L'Histoire écrit la vie de Louis XIV. MR. 1764.

---

1. Sur ce buste, qui n'est pas de Coyzevox, mais de Desjardins, voyez *Alexandre Lenoir, son journal et le Musée des monuments français*, tome III. p. 73 à 89.

SALLE DE P. PUGET

Pierre Puget. — Milon de Crotone, groupe en marbre. MR. 2075.

Puget. — Persée délivrant Andromède; id. MR. 2076.

Puget. — Alexandre et Diogène; bas-relief en marbre. MR. 2776.

Puget. — Caryatide de l'Hôtel-de-Ville de Toulon. CC. 316 [Plâtre].

Puget. — Caryatide de l'Hôtel-de-Ville de Toulon. CC. 317 [Plâtre].

Puget (sic). — Anges et chérubins; petit groupe en marbre. LL. 48.

Puget (sic). — Alexandre terrassant des barbares : petit groupe MN. 35.

Puget. — Hercule gaulois.

Girardon. — Buste en marbre de Boileau. MR. 2181.

Lemoyne. — Buste de J. H. Mansard, MR. 2640.

Desjardins. — Buste d'Édouard Colbert. MR. 2172.

Jean Hardy. — La Religion terrassant l'idolâtrie. MR 2729.

Bernin (d'après). — Tête de Méduse en marbre. MR. 2126.

— Le même ; id. MR. 2127.

Legros. — La Géométrie.

Legros. — La Charité.

Girardon. — Modèle de la statue de Louis XIV de la place Vendôme. MR. 2329.

— Buste sans désignation.

Salle de Coustou

Coustou (Guillaume). — Louis XIII; statue à genoux, marbre. LP. 402.

Coustou. — Hercule sur le bûcher, MR. 1809.

Coustou (Guillaume) le fils (sic). — Louis XV, statue en marbre. MR. 1811.

Coustou. — Vulcain; morceau de réception à l'Académie. MR. 1814.

Coustou. — Marie Leczinska; statue en marbre. MR. 1813.

Coyzevox (sic). — Louis XIV; médaillon en marbre. MR. 2680.

Coyzevox (sic). — Marie Thérèse d'Autriche; médaillon en marbre. MR. 2681.

Desjardins. — Conquête de la Franche-Comté ; bas-relief, bronze. MR. 3379.

Desjardins. — Paix de Nimègue; bas-relief, bronze. MR. 3380.

Desjardins. — Traité avec l'Espagne; id., MR. 3381.

Desjardins. — Passage du Rhin, id. MR. 3382.

Desjardins. — La Justice punissant le crime; id. LP. 571.

Desjardins. — La Religion foudroyant l'Hérésie; id. LP. 572.

Buirette (Jacques). — La peinture unie à la sculpture; bas-relief. MR. 2677.

Hutin (Charles). — Le Temps découvrant la Vertu ; bas-relief. MR. 2730.

— Léda; bas-relief de forme ovale en marbre. MR. 2763.

— Omphale; bas-relief de forme ovale en marbre. MR. 2765.

— Hercule enchaînant Cerbère ; id. MR. 2755.

Vinache. — Hercule enchaîné par l'amour; groupe marbre. MR. 1114.

Slodtz (Paul-Ambroise). — Icare; morceau de réception. MR. 2094.

Lemoyne (Jean-Louis) (*sic*) [1]. — Hippolyte; id. MR. 2026.

Hutin (Charles). — Caron; id. MR. 1882.

Flamen. — Plutus; id. MR. 1851.

Bousseau. — Ulysse tendant son arc ; id. MR. 1766.

Adam (Nicolas). — Prométhée; id. MR. 1745.

Van Clève. — Polyphème; id. MR. 2106.

SALLE DE BOUCHARDON

Bouchardon. — L'amour adolescent. MR. 1761.

---

1. Il s'agit de *Jean-Baptiste* Lemoyne Ier, dit le Jeune, fils de *Jean* Lemoyne et frère de *Jean-Louis*, sculpteur, né à Paris en décembre 1679 et mort dans la même ville le 20 octobre 1731 à cinquante-deux ans (Bellier de la Chavignerie et Auvray, *Diction. des artistes de l'école française*, p. 1000). Sur ce morceau de réception, voyez les *Procès-verbaux de l'Acad. de Peint. et de Sculpt.* à la date du 31 août 1715

Bouchardon. — Louis XV; statue équestre, modèle en bronze. MR. 3212.

Bouchardon. — Jésus portant sa croix. MR. 1763.

Julien. — Baigneuse; statue en marbre. CC. 238.

Allegrain. — Diane au bain; statue en marbre. MR. 1746.

Allegrain. — Vénus au bain; id. MR. 1747.

Pajou. — Psyché abandonnée; statue en marbre. CC. 331.

Pajou. — Buste en marbre de Mme Dubarry. MR. 2651.

Pajou. — Buste en marbre de Buffon. MR. 2650.

— Richelieu; statue en marbre. LP. 455.

Vassé (Claude-Antoine). — Berger endormi; statue en marbre. MR. 2111.

Monchy. — Berger se reposant; id. MR. 2063.

D'Huez (J.-B.). — Saint-André, martyr; id. MR. 1879.

Falconet (Étienne). — Une baigneuse; id. MR. 1846.

Falconet. — Milon de Crotone; groupe en marbre. MR. 1847.

Coudray (Jean). — Saint Sébastien; statue en marbre. MR. 1895.

Cayot. — Didon sur le bûcher; id. MR. 1780.

Caffieri (Jean-Jacques). — Fleuve appuyé sur son urne; id. MR. 1773.

Ladatte. — Judith; statue en marbre. MR. 2008.

Adam (l'aîné). — Neptune calmant les flots; groupe, marbre. MR. 1743.

Dumont (Edme). — Titan foudroyé; statue en marbre. MR. 1840.

Dumont. — Milon de Crotone; statue en marbre, MR. 1839.

Gillet.—Pâris; statue en marbre. MR. 1863.

— Jésus-Christ, mort de la Vierge; bas-relief, marbre. MR. 2756.

— Saint Jean l'évangéliste; id. MR. 2766.

— L'adoration des Bergers; id. MR. 1731.

Cortot. — L'Amour et Psyché; groupe, marbre. CC. 171.

Pigalle. — Mercure [en marbre].

SALLE DE HOUDON

Houdon. — Diane; statue en bronze CC. 204[1].

Houdon. — Buste en bronze de J.-J. Rousseau. LP. 1729.

Houdon. — Buste de l'abbé Aubert.

Bosio. — Aristée; statue en marbre, LL. 51.

Bosio. — Hyacinthe couché; id. LL. 52.

Bosio. — Salmacis; id. LP. 1307.

— Tête de Vierge; marbre, LP. 2344.

Bridan. — Épaminondas; statue, marbre, LL. 221.

Callamart (Charles). — Hyacinthe blessé par Apollon; statue, marbre. MR. 1774.

— L'Innocence; statue, marbre. ML. 1775.

Canova (Antoine). — L'Amour et Psyché; groupe, marbre. MR. 1776.

Canova. — Le même. id. MR. 1777.

Chaudet. — L'Amour saisissant un papillon. LL. 56.

---

[1]. Sur cette épreuve de la *Diane* de bronze de Houdon, voyez les *Nouvelles archives de l'art français*, 2ᵉ série, 1879, tome I, p. 269 à 271.

— Phorbas (Le plâtre seulement). LL. 198.

Caldelary. — Narcisse se mirant dans l'eau. LL. 2.

Clodion. — Bacchante élevant dans ses bras Bacchus. LL. 39.

Danjou. — Méduse, médaillon en bronze. MR. 3377.

Danjou. — Le même; id. MR. 3378.

Dupaty. — Biblis; statue en marbre. CC. 2.

Francin (Claude). — Jésus-Christ à la colonne, statue, marbre, MR. 1856.

Francin fils (Guillaume). — Buste en marbre de Fabri de Peiresc. MR. 2180.

Giraud. — Chien en marbre. CC. 192.

Gois. — Corinne; tête en marbre. LP. 1555.

Lemire. — L'Amour ajustant son arc; statue, marbre, LL. 1.

Milhomme. — Psyché; statue, marbre. MR. 2059.

Pigalle (J.-B.). — Buste en marbre de Maurice de Saxe. MR. 2656.

Roland. — Homère; statue, marbre. MR. 2088.

Roman. — Jeune fille au lézard ; statue marbre. LL. 339.

Roman. — Nisus et Euriale ; groupe en marbre. LL. 450.

Rutchiel. — Zéphire et Psyché ; îd. LL. 7.

Stouf (J.-B.). — La mort d'Abel ; statue couchée ; marbre. MN. 80.

Cortot. — Daphnis et Chloé ; groupe en marbre. CC. 171.

J. Julien. — Ganymède et Jupiter ; groupe en marbre. MR. 2002.

Vassé (Jean). — L'Amour tendant son arc (erreur Boizot), [sic]. MR. 2109.

Après le départ de M. de Laborde, la sculpture moderne fut rattachée au département des Antiques et devint une simple annexe des collections déjà si vastes administrées par M. de Longpérier. La puissante impulsion reçue continua cependant pendant quelque temps. En 1856. M. Barbet de Jouy.

alors conservateur-adjoint du département des Antiques, publia une *Description des sculptures du moyen âge, de la Renaissance et des temps modernes*, dont une seconde édition parut en 1873. Mais, dès 1863, M. Barbet de Jouy en devenant conservateur du musée des Souverains fut enlevé à l'étude de la sculpture moderne. Puis, l'aménagement de la collection Sauvageot (entrée en 1856), à laquelle furent mêlées immédiatement les collections Durand et Revoil, son apport considérable de colifichets d'étagère, enfin les développements pris par le musée des Souverains détournèrent de la grande sculpture l'attention de l'Administration et du public. Le goût du jour et la mode semblaient ne vouloir encore accepter, du moyen âge et de la Renaissance, que la bimbeloterie. Nous ne pouvons nous empêcher de remarquer le subit abaissement du sentiment public.

De l'idéal rêvé et sur le point d'être réalisé par une élite de savants, on tombe à la vulgaire exhibition d'un simple cabinet de curiosités. A la place d'un enseignement permanent, sans cesse enrichi et d'une portée générale, on n'a plus qu'un sujet restreint d'amusement pour quelques désœuvrés.

Je dois m'empresser de reconnaître qu'un judicieux esprit de classification scientifique fut immédiatement introduit, après la mort de Sauvageot, dans l'amas confus présenté par l'appartement habité quelques années au Louvre par l'ancien musicien de l'Opéra. L'honneur en revient à M. Barbet de Jouy et à la lettre qu'il adressa au surintendant des Beaux-Arts le 16 septembre 1863 [1]. Mais, pendant huit ans, la sculpture moderne fut

1. Cette lettre est imprimée en tête de la *Notice des faïences peintes, italiennes, hispano-*

soustraite aux soins affectueux de cet élève et de ce successeur désigné du marquis de Laborde. Ballottée d'un département à l'autre, privée à partir de 1854 de son initiative personnelle et, à partir de 1863, de son tuteur naturel, la grande sculpture du moyen âge, de la Renaissance et des temps modernes n'eut guère l'occasion de s'enrichir qu'au moment de la répartition de la collection Campana. Cette collection, bien qu'amoindrie par des ventes préalables, lui apporta quelques marbres italiens et quelques terres cuites émaillées [1] qui

---

moresques et françaises et des terres cuites émaillées italiennes, par Alfred Darcel. Paris, 1864, in-8º.

1. Voyez : *Cataloghi del Museo Campana*, classe XI, scultura in majolica del risorgimento, etc., in-4º, et *Museo di scultura dal risorgimento alla decadenza dell' arte, da* A-M. Migliarini, Florence, 1855. in-4º.

vinrent grossir les acquisitions antérieures de M. de Laborde. Quelques dons continuèrent de s'y ajouter. Voyez, du reste, sur le lent développement de la sculpture moderne, entre les années 1853 et 1869, le *Rapport de M. le comte de Nieuwerkerke sur la situation des musées impériaux pendant le règne de Napoléon III* [1].

Le succès inattendu et on peut dire populaire de la collection Sauvageot; la réclame entretenue [2], sinon organisée par l'Administration autour d'une donation,

---

1. Paris, 1869, in-8°, p. 26, 27, 49, 50 et 51 et le *Rapport* du même *sur les travaux de remaniement et d'accroissement relevés depuis 1849*. Paris, 1863, in-8°.

2. A. Sausay, conservateur adjoint des Musées impériaux, publia en 1861, sous le nom de *Catalogue du Musée Sauvageot*, un inventaire officiel de tout ce que le Louvre possédait en objets du moyen âge et de la Renaissance que Sauva-

généreuse sans doute, mais inférieure dans l'ordre intellectuel, moral et scientifique à tant d'autres ; l'accueil fait par l'opinion et par la presse à cette collection, type incohérent, évidemment dégénéré et décadent de l'ancienne curiosité française, au moment où celle-ci était déjà si intelligemment rajeunie en France par les His de la Salle, par les Gatteaux, par les Du Sommerard, par les Piot, par les Sellières, par les Charles Timbal[1], tout

geot avait groupés autour de lui dans l'appartement qu'il occupait. Le public n'était pas prévenu, dans ce catalogue, que la plupart des plus belles pièces ne provenaient pas de la donation Sauvageot mais, au contraire, des cabinets Durand et Révoil, achetés par la Restauration. De là est venue la grande erreur du public qui, aujourd'hui, attribue à la tapageuse donation Sauvageot, une importance qu'elle n'a pas, sinon pour la série des bois allemands.

1. Voyez, sur le caractère des collections d'objets d'art publiques et privées du xixe siècle, mon

cela trouvera un jour son explication. Certainement, l'enthousiasme excessif et factice, qui salua l'entrée de Sauvageot et l'intrusion du bric-à-brac au Louvre, devait avoir ses raisons d'être. L'histoire les découvrira.

En attendant, regardons bien dans quel milieu se produisirent les événements que nous relatons. Des intérêts très nombreux, très puissants, de la nature la plus diverse, inquiétés par les sérieuses allures doctrinales du marquis de Laborde et alarmés par ses idées rénovatrices, avaient tout à gagner à voir un mouvement scientifique imminent avorter à la dernière heure et n'aboutir qu'à une inoffensive badauderie, à l'assoupissement des sentiments nouveaux qui

---

mémoire intitulé : *Eugène Piot et les objets d'art légués au Musée du Louvre.* Paris, 1890, in-8°, extrait de la *Gazette des Beaux-Arts,* 3ᵉ période, tome III, p. 395 à 425.

naissaient et dont on allait se jouer en ayant l'air de les satisfaire. Certains événements étaient donc désirés, attendus et on peut dire escomptés d'avance.

Tout le monde sait que rien de nouveau ne se fait dans un État et que rien ne se fonde dans la politique ou dans la science sans la collaboration de la foule, plus ou moins consciente, toujours passive, en qui réside la force, et de l'homme de génie ou de l'homme à idées qui, seul, ne peut rien par lui-même contre une organisation sociale ou administrative solidement constituée et hostile à tout progrès. Au moment où l'homme à idées allait trouver son point d'appui, son levier dans la foule, notre homme fut écarté sans qu'on n'ait jamais dit pourquoi ni comment. De son côté, la foule ou, plus exactement, le goût public affamé d'admirations nouvelles, inquiet et excité, fut occupé et distrait par les jouets de la collection Sauvageot et par les sentimentalités du Musée des Souverains. La diversion, la dérivation nécessaires à un redoutable débordement d'opinion avaient été découvertes. Le tour était joué. Le classicisme pourra longtemps encore dormir sur ses longues oreilles. Pendant près de quinze ans, il n'aura pas à craindre la revendication des droits méconnus des arts modernes et nationaux. C'était l'application à l'histoire de l'art de la politique des classes dirigeantes dans la Société du xixe siècle.

D'ailleurs, il ne faut pas se dissimuler que les années comprises entre 1854 et 1870 ne pouvaient guère être favorables à la fondation d'une collection sérieuse d'art moderne comme celle dont on tentait l'installation au Louvre, et dans laquelle l'art français aurait été admis à se montrer quelquefois pur de toute alliance avec l'antiquité ou avec l'Italie.

Jamais la tyrannie classique exercée par les derniers caudataires de David; jamais la superstition italienne pratiquée par ceux qui s'honoraient de s'appeler *Romains* et se vantaient de la perte de leur caractère national, n'avaient été plus intolérables. Jamais le Romanisme n'avait poussé aussi loin son audace, ni professé, avec autant d'impudeur, dans toutes les chaires officielles dont il s'était nanti. C'est le moment où Beulé prononce à la Bibliothèque nationale sa fameuse leçon du 6 janvier 1857 [1] contre l'art du moyen âge français, où il médite son article du 15 décembre 1863 dans la *Revue des Deux-Mondes* sur l'École de Rome [2],

1. *D'une architecture nationale et religieuse.* Paris, 1857, in-8°. Extrait de la *Revue des cours publics* du 25 janvier 1857.
2. *L'École de Rome au* xixe *siècle.* Paris, 1863, in-8°. Extrait de la *Revue des Deux-Mondes,* livraison du 15 décembre 1863.

où il élabore la doctrine odieuse qu'il formulera bientôt à la tribune de la Chambre des députés, sous les applaudissements unanimes de ses collègues, dans les termes suivants : « Si vous voulez donner à l'*École de Rome* son véritable nom, un nom qui précise *son rôle* et *sa puissance*, vous l'appellerez, Messieurs, l'École normale de l'art français[1]. » C'est en même temps le moment (1863), où le Gouvernement, effrayé de la nullité des études à l'École des Beaux-Arts et des procédés d'un déplorable népotisme trop souvent suivis dans la distribution des récompenses, tente de réformer l'enseignement. On sait comment furent accueillies ces réformes[2]. On siffla Viollet-le-

---

1. L'*École de Rome*, discours prononcé à l'Assemblée nationale par Beulé. Paris, 1872, in-8°, page 16, et *Journal officiel*, séance du 12 juin 1872.

2. Voyez : *Réponse au rapport sur l'École*

Duc. On jeta des gros sous à la tête de l'artiste, illustre et convaincu, que le gouvernement avait chargé d'annoncer aux admirateurs exclusifs de l'art italien qu'il y avait eu en France un art indigène. Le gouvernement, tout fort et autoritaire qu'il fût, se vit poursuivi jusque devant son Conseil d'État. Il ne parvint pas à maintenir la parole au professeur qu'il

impériale des Beaux-Arts adressé au Maréchal Vaillant par M. Ingres. Paris, 1863, in-8°. — *Réclamations des élèves de l'École des Beaux-Arts au sujet de la réorganisation de leur École.* Paris, 1864, in-8°. — Beulé, l'École de Rome au XIX° siècle. Paris, 1863, in-8°. — *Le décret du 13 novembre et l'Académie des Beaux-Arts suivi du rapport de M. de Nieuwerkerke, du décret du 13 novembre, de la protestation de l'Académie et de la réponse de S. Exc. le Maréchal Vaillant,* par Ernest Chesneau. Paris, 1864, in-8°. — *De la réorganisation de l'École des Beaux-Arts. Réponse à la lettre de M. Ingres,* par Charles Giraud. Paris, 1864, in-8°.

avait nommé pour remplir une chaire nouvelle où l'architecture française et son histoire devaient être enseignées. On ne lui pardonna pas d'avoir osé soutenir que l'organisation antérieure, privée de cet enseignement et de bien d'autres, n'offrait pas toutes les garanties désirables.

Un vieillard irascible, qui survivait à son génie puissant et volontaire, répondit au Gouvernement : « L'École enseigne et pratique des doctrines saines et élevées, qu'elle a le droit, sous tous les rapports, d'enseigner sans contrôle; et, par son heureuse influence, *elle guide les jeunes élèves* pour arriver au véritable but de l'art *par les études classiques de la nature, de l'antiquité grecque et romaine, des beaux temps de la Renaissance et des plus beaux siècles de l'Italie*. Il est donc impossible d'affirmer que l'École des Beaux-Arts a besoin de reformes dans son système d'enseignement. »

A propos de l'art français et de son enseignement, le même vieillard, qui, sans savoir un mot de grec, sans avoir la moindre culture sérieuse classique, sans même connaître à fond l'orthographe de sa propre langue, n'était pas moins un très grand artiste, déclarait que les *classiques de l'antiquité* « sont tous enfants d'Homère » et doivent être les seuls maîtres de l'art chez toutes les nations. Il ajoutait, en précisant et en visant ses adversaires : « Il n'est que trop vrai que la France, depuis plus de trente ans, est travaillée du fléau que l'on nomme *Romantisme*, qui détruit et corrompt le goût de l'art antique, que notre grand et célèbre maître David avait fait renaître dans ses admirables ouvrages et que, depuis, on a tant outragé ! Un revenant du XVIIe siècle n'aurait pas pensé autrement.

On voit quelle était, dans les hautes sphères sociales, à l'Académie et à l'École des Beaux-Arts, l'opinion dominante sur les monuments du moyen âge et sur ceux de la Renaissance qui n'étaient pas complètement italiens : Indifférence ou mépris, suivant qu'on était plus moins ou profondément affilié aux congrégations pédagogiques. Le Louvre, arrêté tout à coup dans son développement, conserva sans doute ses convictions intimes, tout en perdant ses grandes espérances immédiates et en reconnaissant que l'heure de la justice n'était pas encore venue. On comprendra maintenant que je n'avais pas le droit de dissimuler l'existence de la crise par où passa l'organisation du Musée de la sculpture moderne. A qui me reprocherait d'avoir parlé trop sincèrement je dirai que mes maîtres et mes prédécesseurs au Louvre m'ont appris à ne pas mentir et que je n'aurais jamais consenti à écrire l'histoire de mon département, si je m'étais cru obligé de la composer suivant la méthode littéraire du Père Loriquet.

On continuait cependant de réclamer les morceaux du musée des Monuments français conservés par l'École des Beaux-Arts, non rendus sur la demande de M. de Laborde ou découverts depuis. Mais on sent bien vite que l'âme ardente, que l'esprit énergique de l'inventeur de l'idée n'est plus là. Le 4 janvier 1866, le directeur de l'École des Beaux-Arts répondit au directeur général des musées impériaux comme il suit :

École impériale et spéciale des Beaux-Arts.

Paris, le 4 janvier 1866.

Monsieur le Surintendant, j'ai l'honneur de vous adresser la note que vous avez demandée sur quelques objets d'art provenant de l'ancien Musée des Monuments français qui se trouvent encore réunis dans les magasins de l'École des Beaux-Arts et sont de nature à être tirés de l'oubli où ils sont depuis la destruction de ce musée. Aussitôt que vous voudrez bien les faire enlever, je les mettrai à votre disposition. Veuillez agréer, Monsieur le Surintendant, l'expression de mes sentiments distingués avec lesquels j'ai l'honneur d'être votre très humble serviteur.

Le Directeur de l'École impériale des Beaux-Arts, membre de l'Institut.
Robert FLEURY.

En haut de cette lettre, on lit, de la main de M. de Nieuwerkerke :

« A M. de Longpérier qui m'en donnera son avis, avant de faire signer un arrêté de mutation. »

Adrien de Longpérier, aussitôt que cette lettre lui fut communiquée, écrivit au Directeur général dans les termes suivants :

Palais du Louvre, le 6 janvier 1866.

Monsieur le Surintendant, je m'empresse de vous remercier de votre sollicitude pour notre musée de sculpture moderne. Nous avons là une collection d'œuvres nationales telle qu'aucun peuple ne peut en montrer une analogue. Tout ce qui contribue à l'enrichir est précieux. A l'époque où le Musée des Petits Augustins a été si malheureusement démembré, on ne comprenait plus les musées que comme des palais décorés de sculpture, odieuse conception des architectes en faveur. On a donc négligé d'excellents fragments, très utiles aux études, et vous pouvez nous les rendre. Il n'y a donc pas à hésiter. Les moulages aussi pourront nous servir à faire des creux qui enrichiront notre atelier des plâtres. Puisque nous n'avons pas d'argent pour acheter, saisissons avec d'autant plus d'empressement toute occasion d'accroître notre trésor. Veuillez, Monsieur le Surintendant, agréer l'expression de mes sentiments dévoués et de ma haute considération.

Le conservateur des antiques et de la sculpture moderne.

Longpérier.

P.-S. Lorsque vous donnerez l'ordre d'enlever, je vous prie, d'avoir la bonté de me remettre l'état ci-joint.

En haut de cette lettre M. de Nieuwerkerke a écrit ces mots au crayon :

« Préparer un arrêté qui autorise le transport au Louvre et l'inscription sur les inventaires de tous ces objets. »

Voici la conclusion de toute cette affaire :

Arrêté.

Au nom de l'Empereur, le Maréchal de France, ministre de la maison de l'Empereur et des Beaux-Arts,

Considérant que, lors du démembrement du Musée français des Petits Augustins, tous les monuments de l'art qui n'avaient pas été renvoyés dans les départements ont été destinés au Musée du Louvre ;

Que, sauf les fragmens pouvant servir à l'étude de l'architecture, lesquels ont été employés dans la décoration de l'École des Beaux-Arts, ces monumens ont été en effet réunis aux collections du Louvre ;

Qu'il reste encore en magasin, à l'école des Beaux-Arts, un certain nombre de sculptures et de moulages indiqués dans l'état annexé, lesquels objets sont de nature à être exposés dans les galeries de la sculpture française ou à servir dans l'atelier de moulage des musées impériaux ;

Qu'il importe que les collections de l'État présentent, autant que faire se peut, la richesse et l'unité qui les rendent le plus utiles à l'étude.

Arrête :

Article premier. — Les bas-reliefs et figures de marbre et de plâtre compris dans l'État annexé, demeurés en magasin à l'école des Beaux-Arts, seront réunis aux collections analogues du musée impérial du Louvre.

Art. 2. — Le Sénateur, surintendant des Beaux-Arts, est chargé de l'exécution.

Paris, le 29 janvier 1866.

Note des monuments de sculpture provenant du musée des Monumens français et conservés à l'École impériale et spéciale des Beaux-Arts.

Monuments originaux.

1º Deux bas-reliefs (petits) en marbre par Germain Pilon, représentant l'un Saint-Paul, l'autre Melchisedech, dont la provenance n'est pas indiquée dans les divers ouvrages sur le musée des Monumens français et qui y furent placés au piédestal de la belle statue représentant l'Amiral Chabot, aujourd'hui au Louvre;

2º Fragment du soubassement du tombeau de Louis de Poncher, autrefois dans l'église de Saint-Germain-l'Auxerrois. Le plus important de ces fragments présente une statuette entre deux pilastres, ainsi que l'inscription indiquant la sépulture de Louis Poncher. Ce soubassement contenait dans l'origine trois figurines; on n'en retrouve qu'une. Il y avait deux inscriptions; une seule a survécu. Ces restes précieux pourraient servir à reconstituer au Louvre, le support des deux belles statues de Louis Poncher et de Roberte Legendre, sa femme.

3º Un petit bas-relief en marbre dans le style de la Renaissance italienne, dont l'auteur et la première provenance ne sont pas connus. Il était placé au Musée des monuments français dans le piédestal qui portait la statue du chancelier de l'Hôpital [1].

4º Une figure en albâtre, d'un mètre de proportion, du XVIᵉ siècle, teintée en couleur de bronze et représentant la Mort tenant un dard et s'appuyant sur un bouclier où se lisent ces mots :

---

1. Acheté par Lenoir au marchand Balleux, nº 541 du Catalogue du Musée des Monuments français. Voy. *La Part de l'art italien etc.*, p. 25 et 26.

Il n'est mortel tant soit plein d'art
Que je ne perce de mon dard.

Elle était placée originairement sous un toit appuyé contre la tour dite de Bois, élevée sous Philippe Auguste, au milieu du cimetière des Innocents et portant un phare funèbre ;

5° Deux fragments importants d'un rétable en pierre du xvie siècle, avec figurines dans des niches et entre des colonnettes arabesques et de provenance première inconnue ;

6° Quatre bas-reliefs en marbre, de forme ovale, attribués à Sarrazin et représentant le Christ et la Vierge et deux Apôtres. Celui de la Vierge est légèrement fragmenté par le bas. Ces bas-reliefs avaient été recueillis dans l'église de Saint-Louis la Culture lors de la démolition [1] ;

---

1. C'est une erreur, ils provenaient des salles de l'ancienne Académie de peinture et sculpture. Les autres sculptures, qui faisaient partie de la même suite et représentent les dix autres apô-

7º Un petit bas-relief en pierre du xvi⁶ siècle représentant un tripot. Des soldats dans le costume du temps et des femmes jouent aux cartes et aux dés : Une femme vient du dehors chercher l'un des joueurs et le frappe d'un bâton. A la gauche du bas-relief, elle l'accuse devant un officier;

8º Une figure demi-nature, de Germain Pilon à peine reconnaissable par les mutilations et provenant de la chaire de l'Église des Grands Augustins [1].

9º L'Épée du Connétable Anne de Mont-

tres, sont à Versailles, dans l'église de la Paroisse. Les deux apôtres, aujourd'hui en magasin au Louvre, sont Saint-Luc par Raon et Saint-Jacques-le-Mineur par Clérion. La Vierge est l'œuvre de Girardon. Toutes ces sculptures sont fort médiocres. L'Ecce homo devait être de Marsy.

1. J'ai aperçu cette figure, il y a une dizaine d'années, par terre, dans le jardin de la Direction à l'École des Beaux-Arts. Elle était complètement mutilée et absolument méconnaissable. Ce n'était déjà qu'un moëllon. Que les détenteurs responsables le gardent !

morency exécutée avec le plus grand soin en marbre blanc incrusté dans du marbre de couleur par Barthélemy Prieur, sculpteur particulier du Connétable. Cette épée faisait partie de la décoration du monument élevé aux Célestins à la mémoire d'Anne de Montmorency [1].

10° Restes de l'architecture du tombeau de la famille de Montmorency, élevé dans l'église de cette ville, au-dessus du caveau de la chapelle particulière. Le monument présentait une voute semi-sphérique portée par des colonnes de marbre précieux (vert de mer) de quatre mètres de hauteur qui furent remises au Louvre par Alexandre Lenoir, le 5 ventôse an IV, pour décorer les salles du Musée. On pourrait, avec des colonnes de pierre, rétablir ce monument dans l'église de Montmorency. Le curé est désireux de le voir restaurer;

---

1. J'en ai rapporté une autre de Saint-Denis. Voyez *Alexandre Lenoir, son journal et le Musée des monuments français*, tome III, p. 396.

11° Nombreux fragments de la galerie du château d'Ecouen, élevé en façade principale par Bullant et démoli en 1788. Ces fragments présentent de la sculpture et de l'architecture remarquables [1];

12° Quatre bas reliefs en marbre. Morceaux de réception d'académiciens; ils proviennent de la salle de réunion de l'ancienne Académie de peinture et sculpture au Louvre;

13. Deux divinités indiennes.

Suit la liste des moulages.

Nota. — Ne sont pas indiqués ici les objets d'art qui sont en place dans les cours et dans la chapelle de l'École des Beaux-Arts, puisqu'ils y ont été mis par M. l'architecte de l'École pour les faire contribuer à la décoration générale de l'édifice; de ce nombre sont les restes de la chapelle de Philippe de Commynes, élevée dans l'église des Grands Augustins, et qui sont ornés d'arabesques.

1. Tout cela est resté à l'École des Beaux-Arts.

Certifié conforme à l'original.

Le Sénateur surintendant des Beaux-Arts,
  Comte de Nieuwerkerke.

Vu et approuvé.

  Le maréchal de France, ministre de la maison de l'Empereur et des Beaux-Arts.

     Vaillant.

    28 février 1866.

Arrêté.

Au nom de l'Empereur le Maréchal de France, ministre de la maison de l'Empereur et des Beaux-Arts,

Considérant que les quatre bas-reliefs dans une dépendance de l'École, compris dans l'arrêté du 29 janvier dernier, ne peuvent être déplacés, et, d'autre part, qu'il sera très utile à l'histoire de l'art français de réunir aux morceaux de réception des Académiciens sculpteurs placés au Louvre ceux des ouvrages du même ordre qui étaient restés à l'école des Beaux-Arts,

Sur la proposition du sénateur, surintendant des Beaux-Arts,

  Arrête :

Art. 1ᵉʳ. — Resteront à l'École des Beaux-Arts les objets ci-dessous désignés :

Bas-reliefs : Le Génie et la Science.

La Charité romaine.

Deux hommes nus combattant.

Le Temps découvrant la Vérité.

Art. 2. — Seront transférés de l'Ecole des Beaux arts au Musée du Louvre :

Fleuve couché ; — Génie du printemps ; — Saint Sébastien ; — Œdipe enfant délivré par un berger ; — Pluton tenant Cerbère enchaîné ; — Archimède assis ; — Gladiateur blessé ; Méléagre debout ; — Saint Barthélemy ; — Mutius Scœvola ; — Morphée ; — Une petite figure mutilée de la Vierge.

Art. 3. — Le présent arrêté sera déposé au secrétariat général pour être notifié à qui de droit.

        Vaillant.

Arrivent les tristes jours de 1870. M. de Longpérier est à son tour enlevé au Louvre. Son successeur, en face des dangers amenés par l'invasion et le siège imminent de Paris, fait rentrer au musée quelques-unes des statues des Tuileries qui se trouvaient les plus exposées aux dommages.

En 1871, le département de la sculpture moderne est rétabli. A partir de ce jour, l'histoire de ce département devient trop contemporaine pour pouvoir être retracée, au Louvre, en toute liberté d'appréciation et avec garantie d'impartialité. Mais on n'oubliera pas que, jusqu'en 1879, ce service public eut le précieux avantage d'être dirigé par l'honorable M. Barbet de Jouy, c'est-à-dire par un savant qui avait été, au début de sa carrière, l'ami, le confident et le collaborateur du marquis Léon de Laborde.

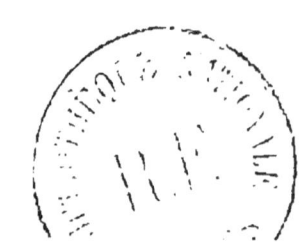

LE PUY. — IMPRIMERIE MARCHESSOU FILS.

ERNEST LEROUX, ÉDITEUR, RUE BONAPARTE, 28

PETITE BIBLIOTHÈQUE D'ART ET D'ARCHÉOLOGIE

Publiée sous la direction de M. KAEMPFEN

Directeur des Musées Nationaux et de l'École du Louvre

I. *Au Parthénon*, par M. L. DE RONCHAUD, in-18 illustré. . . . . 2 fr. 50
II. *La Colonne Trajane au Musée de Saint-Germain* par M. Salomon REINACH, in-18 illustré. . . 1 25
III. *La Bibliothèque du Vatican au XVIe siècle*, par M. E. MUNTZ, in-18. . . . . 2 50
IV. *Conseils aux voyageurs archéologues en Grèce et dans l'Orient hellénique*, par M. S. REINACH, in-18 illustré. . . . . 2 "
V. *L'Art religieux au Caucase*, par M. J. MOURIER, in-18. 3 50
VI. *Études iconographiques et archéologiques sur le moyen âge*, par M. E. MUNTZ, in-18 illustré. . . " "
VII. *Les Monnaies juives*, par M. Th. REINACH, in-18 illustré. 1 50
VIII. *La Céramique italienne au XVe siècle*, par M. E. MOLINIER, in-18 illustré. 3 50
IX. *Un Palais chaldéen*, par M. HEUZEY, de l'Institut, in-18 illustré. . . . . 2 "
X. *Les fausses antiquités de l'Assyrie et de la Chaldée*, par M. J. MENANT, de l'Institut, in-18 illustré. . . 3 "
XI. *L'Imitation et la contrefaçon des objets d'art antiques au XVe et au XVIe siècles*, par M. Louis COURAJOD, in-18 illustré. . . . . 10 "
XII. *La Vaticane de Paul III à Paul V d'après des documents nouveaux*, par M. Pierre BATIFFOL, in-16. 3 50
XIII. *L'Art d'enluminer*, par M. LECOY DE LA MARCHE, in-18. 2 50
XIV. *Histoire du Département de la Sculpture moderne au Musée du Louvre*, par Louis COURAJOD, in-18. 2 50
XV. *L'Évolution de l'architecture en France*, par Raoul ROSIÈRES, ouvrage couronné par l'Institut, in-18. 3 50
XVI. *Les Monnaies grecques*, par Adrien BLANCHET, in-18, planches. 3 50

LE PUY — IMP. MARCHESSOU FILS, BOULEVARD SAINT-LAURENT, 23

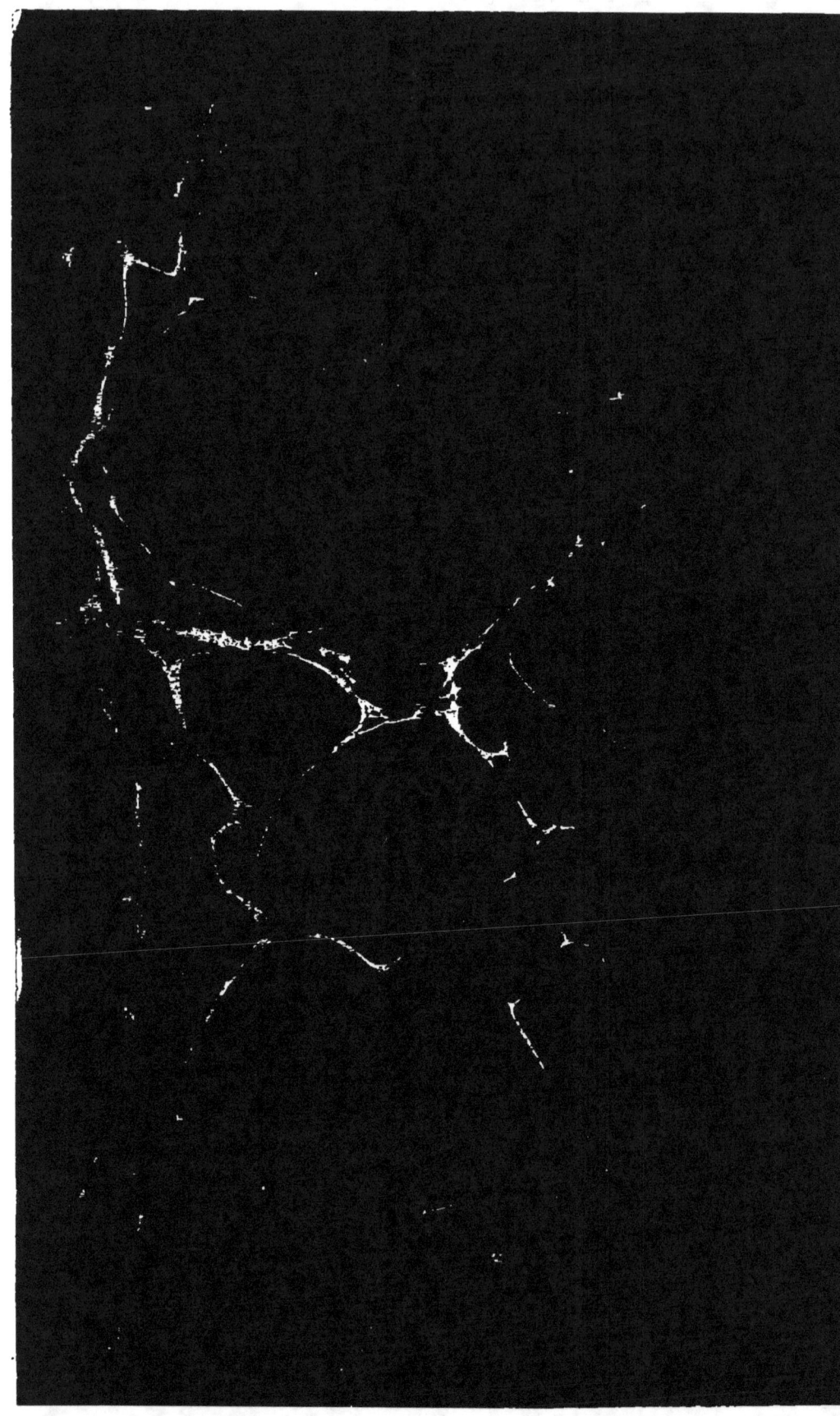

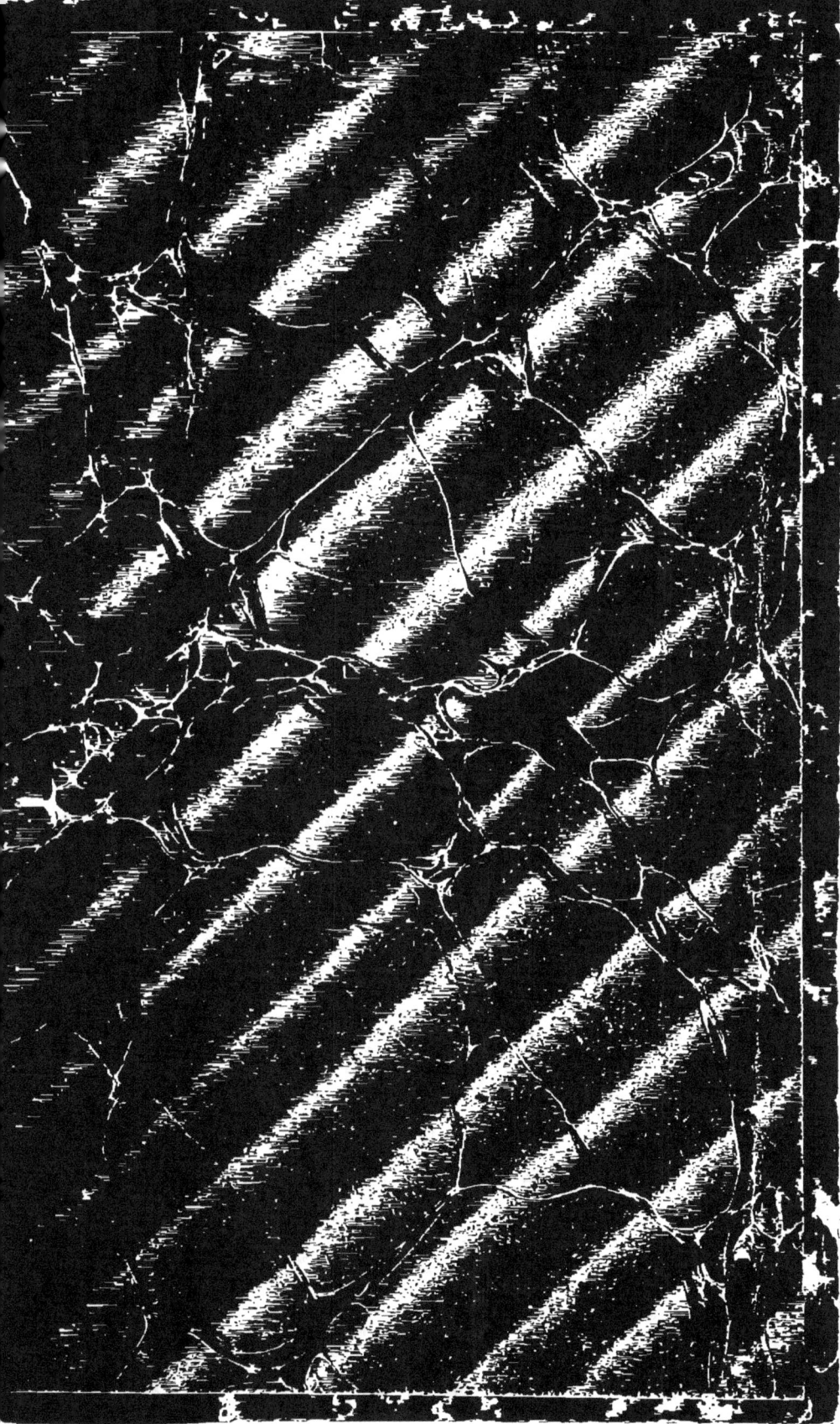

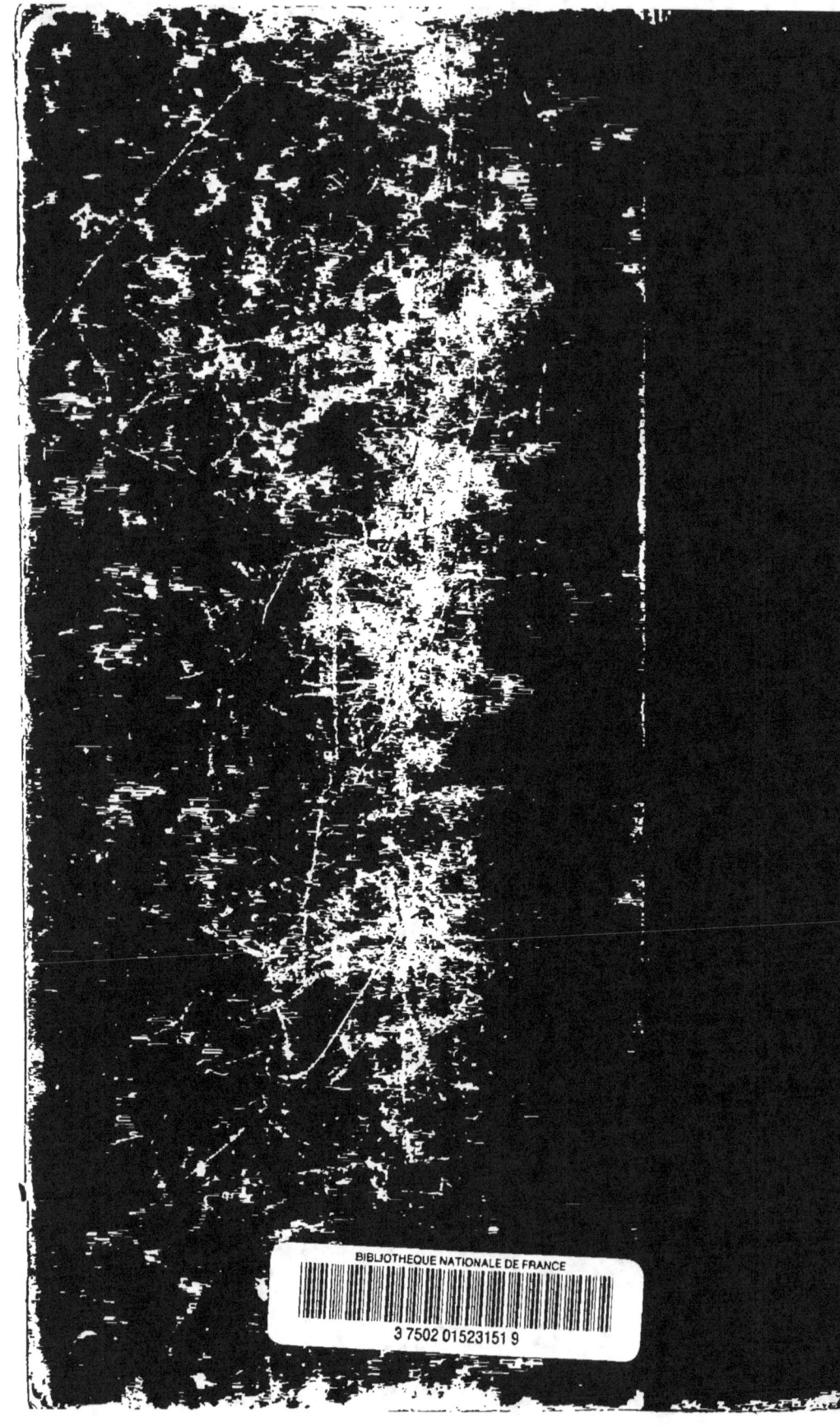

www.ingramcontent.com/pod-product-compliance
Lightning Source LLC
Chambersburg PA
CBHW052243220526
45471CB00001B/161